VERDADE, REALIDADE e INSANIDADE

VERDADE, REALIDADE e INSANIDADE
José Jacyr Leal Junior

Revisão
Maria Ofélia da Costa

Projeto Gráfico/Capa/Diagramação
José Jacyr Leal Junior

Impressão/Acabamento
Digitop Gráfica Editora

Esta obra não pode ser reproduzida, no todo ou em parte, qualquer que seja o modo utilizado, incluindo fotocópia ou xerocópia, sem prévia autorização do autor. Qualquer transgressão à Lei dos Direitos Autorais estará sujeita às sanções legais.

Sarvier Editora de Livros Médicos Ltda.
Rua Rita Joana de Sousa, nº 138 – Campo Belo
CEP 04601-060 – São Paulo – Brasil
Telefone (11) 5093-6966
sarvier@sarvier.com.br
www.sarvier.com.br

Dados Internacionais de Catalogação na Publicação (CIP)
(Câmara Brasileira do Livro, SP, Brasil)

Leal Junior, José Jacyr
  Verdade, realidade e insanidade / José Jacyr Leal Junior. -- 1. ed. -- São Paulo : Sarvier Editora, 2021.

  Bibliografia
  ISBN 978-65-5686-019-0

  1. Autoajuda 2. Autoconhecimento 3. Experiência de vida 4. Insanidade 5. Realidade pessoal 6. Verdade I. Título.

21-64541 CDD-158.1

Índices para catálogo sistemático:
1. Autoajuda : Autoconhecimento : Psicologia aplicada   158.1
Aline Graziele Benitez – Bibliotecária – CRB-1/3129

Sarvier, 1ª edição, 2021

VERDADE, REALIDADE e INSANIDADE

JOSÉ JACYR LEAL JUNIOR

Médico, Especialista em Ginecologia, Obstetrícia e Ultrassonografia. Nascido em 08 de maio de 1960, brasileiro, natural de Curitiba – PR. Médico do Corpo Clínico Hospital Santa Cruz e Santa Brígida. Diretor Médico do Centro de Avaliação Fetal Batel SS Ltda. Presidente do Instituto Jacyr Leal e FRAT.ER BRASIL Ltda. Idealizador do Programa SUPERCONSCIÊNCIA/FAMÍLIA DO FUTURO. Criador do Método Prático MEDICINA CONATIVA.

sarvier

Agradecimento

Agradecimento é momento de importante reflexão. Reporta-nos a quem mais se envolve com a realização de um livro e tolera humores e as frequentes ausências do autor. Família, sempre a Família tão amada. Claudia Queiroz e Gabriella, esposa e filha.

No entanto, procurei em minha memória outros que fazem parte de meu dia a dia e foram também fontes de inspiração para boa parte do que foi escrito, alguns deles têm lugar de honra em meu coração. Todos, bons motivos para escrever e agradecer.

Cada qual participa comigo nessa grande jornada que é a Vida. Alguns permanecem, outros partem. Contudo, todos ajudam a produzir marcas fantásticas em mim, portanto, aptos para meu muito obrigado.

Como poderia nominar tantas pessoas, tantas experiências?

- Família, amigos, conhecidos..., desconhecidos. Todos, parte da construção da minha VERDADE e criam comigo REALIDADE.

A maioria deseja e luta por uma vida com menos INSANIDADE. Poucos, neste mundo tão grande, não sabem da importância disso tudo. Este livro está aqui para auxiliar os primeiros nas próprias batalhas, e aos alheios a esta verdade, realidade e insanidade, chamar a atenção para a urgência e importância da busca por um maior equilíbrio.

Tenho um enorme sentimento de gratidão a cada pessoa que cruza meu caminho neste maravilhoso mundo de amor e solidão.

Solidão sim, porque somos sós com nossos pensamentos, muitas vezes escondidos nos quartos, imaginando monstros terríveis debaixo das camas, corações apertados. Ah..., crescemos. Amor sim, porque pensamos neles, em inspirá-los, ajudá-los, amá-los.

São oportunidades que "o outro" proporciona em nossas vidas, pois saímos de refúgios do medo quando "anjos" nos ensinam a viver. Cada amigo com uma experiência, cada parceiro com uma Verdade.

Realidades são produzidas no dia a dia, marcadas em nossa alma. Dias bons, momentos não tão bons assim.

Tenho também um enorme sentimento de gratidão a cada fato que acontece em minha vida, sejam eles bons ou ruins. É interessante viver estes momentos nos quais eu fecho as mãos e os olhos e agradeço a Deus tanto pelo que acontece quanto pela sempre nova oportunidade. Agradeço a sincronicidade, a passagem e a resolução possível em cada história.

E, por falar em histórias, quero agradecer a todos por compartilharem as deles, num somar que permite o desenrolar da Vida. Muito obrigado, por "Você" estar aqui comigo, lendo agora este livro. Com tanto amor e paz e a busca pelo entendimento.

O Autor

Sumário

EPÍGRAFE 9
PREFÁCIO 11
INTRODUÇÃO 15

Capítulo I
QUEM É ESSE HUMANO? 25

Capítulo II
TEATRO DA VIDA 28

Capítulo III
SENTIDOS ATENTOS, LIMITES POSSÍVEIS 32

Capítulo IV
PERCEBEMOS O QUÊ? 39

Capítulo V
UM PRESENTE DO INFINITO 48

Capítulo VI
DESAFIO DE APRENDER 53

Capítulo VII
REALIDADE PSÍQUICA 60

Capítulo VIII
CONHECIMENTO 67

Capítulo IX
HISTÓRIAS DE MANIPULAÇÃO 77

Capítulo **X**
SOMANDO DIFERENÇAS.. 84

Capítulo **XI**
FILOSOFIAS (ETERNAMENTE) OPOSTAS 90

Capítulo **XII**
FERIDAS EM NOSSA HISTÓRIA.. 100

Capítulo **XIII**
PENSAMENTO VIRTUAL/EMOÇÃO REAL.......................... 113

Capítulo **XIV**
ONDE ESTÁ A OFENSA?.. 118

Capítulo **XV**
LÓGICA SECUNDÁRIA.. 125

EPÍLOGO 136

POSFÁCIO 140

BIBLIOGRAFIA 142

BREVE CURRÍCULO 143

Epígrafe

Só Cresce...,

"..., quem se relaciona com o mundo; passa por experiências amorosas, amizades, afeto..., desafetos; sempre com diferentes graus de alegria, frustração e dor".

..., quem consegue PENSAR o que se passa à volta, em si mesmo, nos porquês quando aflora EMOÇÃO, se importa com o vizinho, o amigo, inimigo.

..., quem duvida, critica as próprias certezas, se desafia o tempo todo..., assim aprende, desaprende".

..., quem respira do conhecimento que chega da eternidade, transpira nas dores dos grandes movimentos do universo, do outro e de si mesmo".

..., quem está vivo, vigia, ora e inspira"

José Jacyr Leal Jr.

PREFÁCIO

É impressionante como, com o devido foco, uma pessoa é capaz de transformar uma tarefa árdua e desafiadora em algo que cresce e floresce naturalmente.

Aquilo que para a maior parte de nós não vai além de um pensamento do tipo: "quem, eu escrever um livro que ajude pessoas a reverem conceitos e a enxergarem possibilidades concretas?", torna-se uma realidade nas mãos hábeis de um profissional que ao longo da vida soube reunir conhecimento técnico, curiosidade, pesquisa multidisciplinar, sensibilidade, ousadia e, principalmente, uma fé inabalável nas maravilhas que as pessoas podem alcançar quando enxergam que muito é possível para quem quer uma vida plena.

Lá vão quase duas décadas que conheci esse médico ímpar. De cara me chamaram a atenção a ousadia e a solidez do que fala, sempre preocupado em ajudar as pessoas a serem mais.

Rápido percebi que seu "mais" olhava para o ser humano de maneira muito ampla, e sua preocupação como médico era vasta. Mirava a saúde física, emocional, espiritual, profissional, financeira, social, e essa lista era enorme, mostrando que muitas coisas que trazem angústia podem e devem ser vistas pelo lado de o que se pode fazer a respeito de uma situação, para que ela seja menos dura e mais frutífera.

Vi que os pensamentos que inquietavam o doutor não lhe cabiam na cabeça, então ele falava para pacientes, enfermeiras, colegas, amigos do clube, das viagens, para o rapaz que vendia frutas na rua, e assim ia.

Logo sentiu que precisava compartilhar mais as descobertas de seus estudos, pesquisas e constatações práticas, e começou a fazer palestras gratuitas para dezenas, centenas de pessoas. Não duvido que já tenha falado para mais de cem mil pessoas, sempre concluindo que sim, é possível viver melhor. E isso depende de cada um.

Interessante é que ele usou as últimas muitas décadas para falar de tudo: saúde física, alimentação, hábitos saudáveis, finanças pessoais, responsabilidade social, educação de jovens, adultos e idosos, espiritualidade, sempre voltado ao que pode nos completar.

Agora, para aquele que recém-chegado, ele tem uma característica que o distingue da maior parte de nós, que damos palpite sobre tudo e todos, ele não costuma fazer isso, ele estuda, faz cursos, graduações e pós-graduações, vai conhecer mais a fundo as causas e as causas das causas, o doutor é uma máquina de aprender.

Sequência natural, começou a pôr no papel aquilo que falava, e assim já vão, nesse momento, oito livros, todos versando sobre o que dá para fazer para se viver melhor, mais feliz, mais atento ao bem-estar e à felicidade dos que estão ao redor, do outro lado da rua, da cidade, do planeta.

Este livro, VERDADE, REALIDADE E INSANIDADE, explora brilhantemente o conceito de o que é verdade para cada um, profundamente dependente das experiências individuais utilizadas para construir aquilo que cada um chama "sua verdade", que em geral difere da verdade do vizinho ou da pessoa que dorme ao lado na cama.

Como esses conceitos são praticamente únicos, pertencem a cada pessoa, surgem as realidades, por vezes, insanidades.

De modo simples, sem discutir conceitos demasiado abstratos que dificultariam a compreensão do leigo, vai mostrando de onde vêm certas tendências que uma pessoa vive, escancara aspectos que deixam claro que muitos dos embates podem e devem ser contornados por algo que hoje anda profundamente fora de moda: a maturidade.

Mostra que muitos conflitos decorrem da dificuldade individual de tentar entender o outro, de parar para respirar e pensar que se o outro aparenta agressividade, muito frequentemente isso ocorre por medo no tempo presente ou por uma experiência vivida no passado, relembrada no momento, ou mesmo uma projeção equivocada do futuro.

O afã de ajudar do autor é tão vivo e permanente que em algumas situações pode chocar aquele que não atente ao objetivo maior, que é pôr nas mãos de você, leitor, um texto simples, que mostre que sim, é possível viver muito melhor do que estamos vendo em nossas vidas e nas vidas daqueles ao redor. Mas, onde necessário, o autor deixa clara as próprias convicções e entendimentos, não permitindo conflitos entre os exemplos dados e o que ele defende.

O choque também pode ocorrer se o leitor não observar que o autor às vezes não se detém a preciosismos acadêmicos, históricos ou sociais, e, por vezes, utiliza informações diversas, mas nunca lhe falta rigor no que tange aos objetivos e conceitos explorados para orientar o leitor em direção ao conhecimento e à felicidade, com mais maturidade, harmonia, qualidade de vida e bem-estar.

Parabéns pelo trabalho feito não para teóricos, mas para gente normal que deseja viver uma vida acima do normal.

Aliás, teóricos, divirtam-se também com estes textos.

Nelson Antônio Cuquel
Engenheiro letricista
Especialista em operação
de sistemas e marketing

Introdução

Pensei em escrever esse tema quando me dei conta das dificuldades que muitas pessoas têm com a história da *VERDADE* na vida deles. Não me refiro aqui a verdades e mentiras superficiais do dia a dia, mas, à maneira como compreendemos e conduzimos nossos caminhos, nas diversas narrativas construídas ao longo do tempo.

Atuamos diariamente baseados em uma VERDADE única, própria, construída, aprendida, dia após dia, desde o berço, aceita individualmente ou no coletivo, de maneira mais ou menos rígida, sem oposições próprias, questionamentos, dúvidas, isto é, sem ou poucas vezes valorizar outras possibilidades, outras verdades, a verdade do outro.

Esse outro – muitos daqueles que amamos e estão ao nosso lado – faz e age da mesma maneira e levamos "certo tempo" para compreender, que construímos e vivemos diferentes VERDADES e REALIDADES.

Muitas vezes não aceitamos ou temos bastante dificuldade em aceitar o DIFERENTE. Vivemos alheios a um pensamento maior, produzimos dores, medos, sofrimentos e, desculpe, um mundo de INSANIDADES.

Quero tentar explicar esse complexo e difícil movimento humano, desde tempos remotos em nossa história, até hoje, uma atualidade difícil, acelerada, que somente encontrará equilíbrio quando nos esforçarmos para aprender e manter um controle maior sobre o pensamento.

Se cresci em uma sociedade escravagista, e a cultura tem fortes paradigmas raciais, posso até não gostar de ouvir o choro de uma criança negra em desespero, ao ver o pai sendo açoitado - *"Sim, todo negro fujão, precisa ser controlado"*, afirmava a VERDADE da época e lugar. Contudo, não ajo, não me movimento, não me envolvo, não tento modificar o que me foi colocado e aceito sem crítica, como VERDADE.

Ainda que perceba que algo incomoda, não me interponho a essa VERDADE-REALIDADE-INSANIDADE.

Foram muitos séculos de "incômodos" até que oficializaram a abolição da escravatura negra em nosso país, o que não houve de fato, plenamente, até hoje, na REALIDADE de nossas vidas. Basta acompanhar os noticiários, lutas, preconceitos, ódio, tudo o que explode todos os dias.

Imagine essa situação:

- Uma esposa, a pessoa que alguém escolhe amar, honrar e viver por toda vida, deveria enxergar NORMALIDADE no fato de o *"marido chegar tarde em casa porque quer antes passar no boteco, noitada que encerra sempre depois da meia-noite, alterado, às vezes sujo e cheirando álcool"*, que diabos ela poderia fazer, se não, aceitar?

Ele considera tal comportamento absolutamente CORRETO, pois, assim foi VERDADE para o avô, o pai e REALIDADE para muitos dos amigos... e, se essa é a VERDADE, por que mudar?

- Qual verdade, a única, se não a dele..., a minha, a sua?
- Afinal, sempre foi assim.

Ele afirma:

- "Quem é essa pessoa ou qualquer outra neste mundo para dizer o que devo ou não devo fazer"?

Traduzindo, não são poucos entre nós que não pensam existir "verdades" diferentes das deles, outras que não aquela única a que está acostumado, cresceu com ele, e faz enxergar o mundo como "ele" é.

O CERTO para cada um, uma família, um grupo político, uma religião, VERDADES que todos nós capturamos pelas "janelas" dos sentidos, percebidas por nosso cérebro, interpretadas, realizadas em muitas histórias, ideias que produzem consequências, feridas doloridas no outro, em nós mesmos, e até guerras.

Quero neste livro falar das portas que nosso corpo abre para PERMITIR ao mundo "entrar". Permita você também.

Quanto recebemos deste mundo SENSÍVEL?

O que acontece para o cérebro PERCEBER tanta informação?

Quais são elas?

Como lidamos com elas?

Como construímos "VERDADES" partindo daquilo que nos é dado e permitido conhecer?

E melhor, o que fazer para viver de maneira mais adequada em um mundo que merece nossa atuação maior?

- Com certa dose de sorte podemos viver bem, relativamente afastados de dores maiores e, desse modo, nem seria necessário olhar para tudo que vou aos poucos descrever ao longo deste livro. Talvez essa seja a REALIDADE para você, e está tudo tranquilo. Ótimo.

Porém, atenção: provavelmente sofremos e fazendo sofrer com o que estamos REALIZANDO na vida, mesmo "sem saber", apenas pelo modo como atuamos em nossas relações, como nos conduzimos nesse grande teatro. Não podemos mais calar ou fugir quando sabemos que há um mundo que **morre** *lá fora e fazemos* boa parte das causas dessa dor.

Podemos, sim, mudar algumas coisas em nós e ajudar outros a fazerem o mesmo. Somos parte disso tudo.

Mesmo quando intuímos ou até "sabemos" que produzimos sofrimentos, muitas vezes desconhecemos caminhos para evitar esse mal.

Precisamos aprender mais sobre nós mesmos. Problemas, a maioria é desnecessária. Entraves tolos, histórias pobres, muitas vezes apenas mal interpretadas.

Pecamos por não vigiar e não procurar compreender melhor esse incrível enredo sobre as VERDADES que carregamos pela Vida.

Tentarei mostrar caminhos possíveis.

Algumas pessoas pedem ajuda pelo modo que penam dia após dia, noite após noite. Centenas de métodos terapêuticos de psicologia, psicanálise e outros tantos mais à disposição.

Não são poucos os terapeutas que vivem muita dor e até buscam essas áreas de estudo e profissão para tentar compreender melhor as causas e encontrar saídas para si mesmo.

Estamos cada vez mais usando, abusando de antidepressivos, ansiolíticos, medicalizamos nosso amor, nossos filhos..., no entanto, "acredito que podemos ter domínio próprio sobre as nossas endorfinas".

Talvez baste olhar o mundo de modo melhor; aprender mais sobre ganhos e perdas, coragem, medo..., e RESSIGNIFICAR a vida.

Tomo como de extrema importância olhar com maior cuidado para o que é a VERDADE, as histórias, nuances, delicadeza e instinto.

Afinal, que verdade é essa; como ela é; como eu a enxergo e valorizo; como vive com ela cada uma das pessoas, desde nossos menores aos maiores e mais significativos relacionamentos; de que modo esses "outros", em nosso percurso, também realizam os dias, interpretam o mundo e a vida baseados nas verdades que construíram?

Também podemos olhar para qual posição a VERDADE ocupa na história humana, geradora de enfrentamentos e imensas transformações sociais, pelo bem e pelo mal. REALIDADES com múltiplos, significativos impactos, por séculos, dentro de famílias e nações, tema motor, motivo principal para criação, estruturação e permanência de uma enorme provocação humana, chamada FILOSOFIA.

Um sem-número de homens e mulheres tentam até hoje compreender e explicar a VERDADE, a natureza, a vida, desde provavelmente o começo da presença Humana na Terra.

Todos, sem exceção, fizeram e ainda fazem isso PENSANDO, observando, iluminando o que estava na escuridão, em *não saber*.

Compreender causas e consequências de todo ganho e progresso humano, assim como, pelo lado negativo, toda manipulação, dominação, guerras, onde nunca, nunca..., nunca houve vencedores. Ilusões pandêmicas, sistêmicas.

Portanto, a VERDADE cresce em um indivíduo e muitas vezes na crença da verdade de todo um povo.

Hoje, filósofos perpassam por cursos, livros e trabalhos acadêmicos, demonstrando como tentaram – cada um de modo próprio e momento específico – desvendar a tal VERDADE, evoluindo por séculos de teorias cada vez mais estruturadas, há pelo menos 2.500 anos.

Um dia, nessa tempestade de ideias a filosofia criou ciência. Contudo, ainda hoje não alcançamos a VERDADE plena, provavelmente porque essa não exista como um todo absoluto, ao menos, não aqui na Terra.

Muitos acreditam que ela seja simplesmente Deus. Ele sim, pleno, absoluto, eterno, VERDADE. Com isso, também posso concordar. Daí a necessidade da humildade diante da VERDADE do outro. Ninguém, além de Deus – ou universo, para quem assim preferir –, tem em si toda pureza, conhecimento e razão.

Retomando do espiritual para o concreto na Terra, a filosofia permitiu ao homem evoluir o pensamento e alcançar, de maneira franca e paulatinamente, ciência e método. Forças capazes de chegar perto do que pode ser um suspiro, uma pequena parte da VERDADE, essa sim, de bom tamanho, para que possamos criar e viver as tecnologias que aproveitamos hoje e cada vez mais.

Não cabe aqui descrever tantas maravilhas que a mente humana desenvolveu para o nosso bem, graças à inspiração e à ciência. Sim, ficamos extasiados, empolgados com nossa capacidade já conquistada de PENSAR o mundo e, como consequência, dominar a matéria, a natureza, forças vivas em todo lugar.

No entanto, nesse percurso, esquecemos de pensar a EMOÇÃO e equilibramos de modo frágil o OUTRO e o EU que existem em cada relação. Importa muito o domínio do EU, do pensamento sobre as emoções, a fim de TROCAR minhas verdades com as de todos que passam à minha frente, principalmente aqueles a quem afirmo amar.

Assim como trocávamos figurinhas de coleções com nossos amigos na infância, deveríamos fazer o mesmo com pensamento e crenças. Trocas que nos possibilitam sempre "completar o álbum", hoje, da tolerância, do amor e da vida, momento no qual olho para ver o que você leva em seu coração, você olha para ver o que eu carrego no meu. Eu permito, você também. Levo algumas das suas experiências, você das minhas e, vamos embora maiores, melhores, saudáveis e mais felizes.

Quero apresentar a você as Verdades que construí até hoje. Mostre-me as suas e poderemos aprender juntos, sem medo, mesmo se não concordarmos. Teremos assim oportunidade para treinar o respeito, desde que você não as imponha a mim e eu a você.

Ver, ouvir, sentir, perceber, conhecer, aceitar amar.

O não domínio do EU e da EMOÇÃO é o que realiza a INSANIDADE em nossas vidas. Erros, na maioria de nós, por imensa insensatez.

A filosofia evoluiu para ciência e essa criou pernas próprias a ponto de se separar da filosofia como instrumento para buscar a verdade.

Resta-nos agora construir um EU forte, seguro, capaz de PENSAR e usar o gigantesco poder da EMOÇÃO para o nosso bem, coroando assim a existência com a fraternidade tão esperada e desejada.

Lembrando fraternidade, hoje é Natal – coincidência –, momento que escrevo esse parágrafo. Todo Natal, comemorando Jesus, desejamos felicidades uns aos outros, troca de presentes e expectativas para a ceia "...e tudo que vai NASCER". Porém, muitas vezes permanecemos distanciados Dele. Ele, o menino, o EU mais forte que já surgiu na Terra. Esse EU, veio por VOCÊ; para que você conhecesse e escolhesse o CAMINHO; e crescesse em VERDADE.

Não estou aqui fazendo proselitismo, apenas tentando ser poético. Eu poderia "estar ateu" neste momento em minha vida, e escrever, da mesma maneira, pois, acredito que precisamos buscar, entender e exercitar ensinamentos ESPIRITUAIS.

Podemos aprender a usar desse conhecimento em benefício próprio e para todos, apenas cuidar para não nos enredarmos em dogmas rígidos, por vezes, manipuladores.

Eleja um mestre e uma filosofia que lhe agrade, onde você se sinta uma pessoa MELHOR e deixe sempre de lado tudo que observar em homens fracos, manipuladores, afinal, eles existem em todas as religiões e filosofias. É sim possível viver e aprender com o lado bom das práticas, qualquer que seja ela, e é sagrada sua liberdade de escolha para se ligar ou não a Deus. Respeitarei eternamente sua decisão.

Cresci numa família católica, contudo, aprendi a olhar o "Homem" Jesus, ouvir o grande MESTRE e me inspirar Nele, no maravilhoso domínio do EU, o controle saudável das EMOÇÕES. Com algum tempo dessa convivência aprendi a não ter tanto medo, ressignificar problemas e dores e tudo que muitos outros mestres têm a ensinar.

A expressão "Não temas" consta na Bíblia 365 vezes. Coincidência serem 365 dias do ano, todos os dias "que eu não devo temer...", mas, ouvir, praticar e viver diferenças.

Curioso Jesus afirmar, escrito em um momento do Novo Testamento, que se você quer se salvar deixe tudo que possui e o siga. Talvez não signifique apenas abandonar o que você possui de material, como muito se apregoa (eu disse talvez), mas também se libertar das próprias CERTEZAS (outros deuses) para conseguir finalmente ouvir, ver, sentir... a vida de um modo mais..., eficiente.

Ou Ele quer que fiquemos andando atrás Dele..., como sombra?

- "Eu sou o caminho, a verdade e a vida"... importa aqui seguir Jesus, pessoa..., ou o que Ele ensina?

Verdades espirituais, quer sejam elas de religiões ocidentais, orientais, africanas, todas possuem fundamentos muito importantes para a maioria das pessoas que as seguem. Em algumas crenças encontramos equilíbrio, e noutras, dominação.

Seja como for, a busca da VERDADE por meio da religião também é uma REALIDADE. Nenhuma deve ser vista com maus olhos, mas com senso de amplitude, diversidade, união e respeito ao diferente. Já, o que cada um faz com a religião que defende e pratica (política ou ideologia; ou...) não poucas vezes, são prerrogativas da INSANIDADE.

As Religiões são estagnadas por dogmas, afinal não se muda fundamento. Ninguém pode alterar crenças em nome de um evoluir cultural..., "Há Fé" e pronto. Vivamos, portanto, na boa e agradável companhia das Religiões; com defeitos; mas, colaboradoras sim, suporte emocional para muita gente. *São todas elas recursos para o equilíbrio de muitos.*

Do outro lado, como filosofia e ciência cresceram e alcançaram posição cada vez mais profunda e complexa, acabaram por se distanciar da "compreensão" permitida para a maioria dos mortais. A ciência pode ajudar, e muito, a resolver curiosidades humanas e assuntos práticos para a vida no dia a dia. Mas, a filosofia não mais parece ser capaz, ao menos não de modo franqueado a todos.

"Difícil entender essa gente".

Complicado, costuma-se dizer por aí, por todos os cantos. Parece que esses "homens pensantes" criaram uma realidade e linguagem próprias, um mundo à parte, que apenas poucos compreendem, se é que compreendem, ou fingem que.

É difícil assumir mesmo entre "filósofos" que alguém defenda por mais de quatro horas seguidas, nem uma sala escura, fechada, a tese "A importância do Minotauro para a Cultura pré-helênica", e mesmo após o final da apresentação poucos saibam por que – talvez um ou dois.

Vivi essa experiência há alguns anos em um Congresso de Filosofia quando completava uma das pós-graduações experimentadas nas outras áreas que não a da medicina. Lá ouvi aplaudirem e rapidamente chamarem o próximo para apresentar outro Trabalho de Pensadores.

Aqui, de volta ao mundo real-ilusório, a gente "vai levando". A meu ver, a soma de nossos resultados, o "viver sem pensar um pouco mais", produz, entre coisas boas, muitas tristes REALIDADES.

- "Ei, Filósofos, voltem, voltem para nos buscar".

> **PRECISAMOS APRENDER A PENSAR, MAS, NEM TANTO AO MAR, NEM TANTO À TERRA – O SUFICIENTE**

- "Vocês foram longe demais e esqueceram da gente".

A celeridade da nossa cultura contemporânea nos dificulta PARAR e PENSAR – o que é muito ruim. Pais ausentes, professores cansados, estresse, esgotamento, relacionamentos frágeis.

Quem sou eu então para brincar com assuntos tão caros e importantes para todos nós?

- Não sei, não tenho certeza de nada. Talvez apenas mais um curioso, ou lunático, a ponto de se meter onde não foi chamado.

Sim, louco, mas que não consegue ficar parado dentro das calças e do próprio cérebro, alguém que não pode mais ver e viver tantas REALIDADES difíceis, dolorosas e não tentar fazer algo.

Sim, para mim a realidade que criamos, construímos e vivemos na árdua luta entre nossas muitas VERDADES não parece nada, nada boa. Você sabe o que está acontecendo "lá fora", concorda?

- Diferentes verdades, por um lado criaram e sustentam um mundo Hi-Tech, hoje maravilhoso, informação imediata, avanços na medicina, arte, engenharia, velocidade, possibilidades, mas, por outro lado, um mundo no qual permanecemos "chegando tarde em casa por nossos vícios", sofrendo e causando dor às pessoas que cruzam nosso caminho, "por *pré-conceitos* que insistem em não serem abolidos".

Já açoitou seu vizinho hoje?

- "Preconceitos nunca se tornam melhores conceitos sem esforço".

Li certa vez, em um livro de filosofia, que qualquer um de nós pode ser filósofo, desde que PENSE (logo exista). Pois bem, resolvi arriscar, provocar, tirar você (e eu) da cadeira, da acomodação.

Mesmo não fazendo parte de profundos estudos acadêmicos matemático-filosóficos-metafísicos, muito menos discípulo de algum figurão grego, decidi existir e motivar muitos a existirem, "juntos".

Mas, há sim uma VERDADE, mesmo que parcial, não sei qual ou onde está, mas ela é viva e ardente. E essas VERDADES "são muitas", porque todos têm alguma.

Desde já deixo claro que "a maior e melhor" *não está* comigo.

Mostrarei algumas das características dessas histórias neste livro. Se conseguir, ficarei feliz. Caso não, ao menos lutei feliz.

Sempre Feliz.

Fato, insisto:

- Nossas VERDADES coexistem, produzem REALIDADES – eventos na vida de cada um de nós. Histórias, dores, amores, não poucas vezes, sofrimentos desnecessários, INSANIDADES.

Sofrimento enorme, por vezes duradouro, quando insistimos tanto em não compreender, olhar, amar, respeitar.

Viva todas as nossas diferenças, afinal muitas delas existem para somar, unir, ensinar, portanto, não precisamos impor, dividir, destruir.

Esse texto é uma tentativa humilde, limitada pela minha pequena formação nessa área tão importante do conhecimento humano, a filosofia, contudo, suficientemente corajosa para lhe oferecer uma diferente compreensão sua, e de cada um.

Entender o outro – esse que muitas vezes amamos, admiramos, temos grande amizade, ou apenas um grau menor de conhecimento.

Todos merecem que aprendamos a conhecer e respeitar a verdade diferente, às vezes até melhor que a nossa, minha, sua, de cada um que vive, respira e nutre imensa esperança por chegar a ver nosso planeta como um mundo melhor.

Espero que pouco a pouco, no transcorrer deste livro, possa alcançar o objetivo de auxiliar a todos nós em nossos relacionamentos e convivências com nossas muitas VERDADES, tornando-nos capazes de produzir melhores REALIDADES e menos INSANIDADES.

Este livro não é uma "Obra Completa", um "Compêndio Filosófico" daqueles indicados para poucos treinados em tão cara área do conhecimento, tampouco uso linguagem acadêmica.

Não quero.

Pretendo alcançar você de modo profundo, mas, ao mesmo tempo, prático, interessante, compreensível.

Eu sei, eu sei. Está pensando agora que este livro pode não ser para você, muita bobagem até aqui, mas, tenha certeza, não é bobagem para muitos, além daqueles personagens, que "criei" no começo dessa introdução: o negrinho que chorava pelo pai, e para aquela esposa, que esperava pelo marido..., "voltar" um dia.

Contudo, continue lendo, pode ser que mais à frente, encontre algo bom, curioso, literalmente vivo em alguma página, que possa trazer uma vantagem para você. Quem sabe, um despertar imenso para a sua vida.

Este livro não é perfeito, mas um grande grito e ao mesmo tempo um infinito respeito por você..., e por todos nós.

Capítulo **I**

QUEM É ESSE HUMANO?

Quando olhamos um casal de dançarinos realizando performances enxergamos corpos treinados que se tocam, movimentam-se de modo contínuo, suave e harmônico, de acordo com a VERDADE dos reflexos da luz que ilumina os dois, e se espalha por todo o ambiente, chegando apenas pequena parte até nós, porção que transpassa nossos olhos como uma mensagem viva, dinâmica, que nos é ofertada, cena possível e ampliada pelas ondas sonoras da música que estimulam a nossa audição.

Nossa pele arrepiada comprova que as mensagens proporcionadas pelas ondas de luz e sons, originárias naqueles artistas e ambiente, alcançaram nosso cérebro e pudemos reconhecer pelo que já tínhamos uma boa ideia guardada na memória, por experiências próprias.

Podemos então avaliar e comprovar o quanto aquela manifestação nos agrada ou não. Imediatamente, áreas cerebrais da emoção respondem ao nosso pensamento e percepção geradas peças com as sensações captadas por todo corpo, sem que tomemos qualquer conhecimento dos milhares de processos neurais acionados, permitindo-nos "viver" tal experiência.

Com a emoção por tantas informações, sorrimos, por vezes, choramos. Quem sorri ou chora em nós?

É imediato, ou "quase imediato", com diferenças de apenas milissegundos entre a captação da REALIDADE, que está acontecendo no mundo naquele momento, e a análise, reconhecimento, interpretação e reação. E não muito depois disso a formação de novas memórias para aproveitamento futuro.

Compreendemos o mundo que nos é permitido captar pelos nossos sentidos e pelo reconhecimento mental daquilo que apreendemos em nós, guardamos, seguimos aprendendo e acumulando experiências todos os dias, com diferentes formatos e velocidades para cada um.

Admirável vida, emociona, inspira, instiga todas as nossas células. Água na boca, frio na espinha..., e muitas vezes sentimos o perfume das flores que ali enfeitam o ambiente, de modo real ou até mesmo no imaginário, por meio das nossas deliciosas recordações, memórias da vida que já experimentamos.

Conseguimos até pensar, que bom seria se só tivéssemos ótimas sensações e agradáveis lembranças. Mas essa é uma de muitas ilusões humanas, pois precisamos lembrar das más sensações vividas em experiências passadas até para sermos capazes de prever situações difíceis, evitá-las e, desse modo, sermos capazes de... sobreviver.

Boas lembranças nos atraem para reviver o prazer que um dia sentimos. É assim que desejamos e vamos atrás de alimentos, reprodução, segurança e descanso. As más lembranças, por meio de emoções e pensamentos, invocam atitudes que nos levam a evitar ou nos afastar dos perigos desse mundo, fugir da insegurança. Isso é fantástico.

Imagine você sem fome ou medo. Morreria em poucos dias por não procurar alimento e não evitar perigo. Necessidades de sobrevivência fazem-nos andar para encontrar "o pão de cada dia" ou parar antes de um abismo. Não precisamos sentir medo da dor o tempo todo, mas aprender com ela – este é um dos maiores objetivos da dor e sofrimento –, saber da existência e possibilidades de riscos para PENSAR antecipadamente, construindo ambiente de tranquilidade e paz.

Porém, *não são poucos os que vivem medo e dor todos os dias, sem que exista real ameaça. Aprenderam e construíram caminhos neurais de pânico, não conseguindo manter equilíbrio entre o bem e o mal no mundo. Precisamos ajudá-los a PENSAR, não vamos deixar ninguém para trás, nem mais permitir que se firam ou firam outros, apenas por* reações ao medo (do outro, do diferente).

Sim, temos um corpo que se move, SENTE elementos ao redor, sinais do mundo transmitidos permanentemente e percebidos por nosso cérebro, até mesmo enquanto dormimos, o que gera em nós, pouco a pouco, dia após dia, conhecimento em ação e integração neural.

À medida que crescemos formamos uma ideia, um entendimento cada vez maior do mundo, cada um interpretando de maneira própria. Ao atuarmos com os outros produzimos REALIDADES de acordo com os movimentos, pensamentos e emoções que acreditamos como VERDADE.

Construímos mentalmente essas VERDADES, de acordo com tudo aquilo que vamos captando e interpretamos ao longo da vida. Cada um, uma verdade única, contudo, e infelizmente não poucas vezes, frágil, distorcida, desequilibrada.

A consequência é o sofrimento crônico daquele que insiste em carregar o peso das certezas e também dos que sofrem como coatores desses relacionamentos de dor e medo.

Sim existem diferentes "verdades", construídas em cada um de nós. E muitas vezes não nos damos conta disso, como se tudo na vida precisasse funcionar como "eu acredito", como se apenas a minha verdade fosse válida. Quando me defronto com a verdade do outro..., problemas.

Nossas Verdades choram em nós. Elas precisam crescer vivendo e aprendendo com as outras. Nossas possibilidades gritam pela felicidade que bate *à nossa porta*. Falta apenas nossa decisão para crescer.

Capítulo **II**

Teatro da Vida

O que são VERDADES?

- São tão somente "construções mentais", crenças criadas por nós, elaboradas às vezes em detalhes, que nos permitem viver, sobreviver e conviver neste mundo.

Apreendidas ao longo da vida, de maneira diferente para cada um, são alicerces e meios para possibilitar atração e adaptações nas relações entre pessoas com padrão semelhante de pensamento, ou dificultar e até impedir quando verdades por demais distintas possam tentar invadir e afrontar as crenças por nós construídas.

Verdades podem, portanto, favorecer quando adequadas ao ambiente no qual vivemos, ou bloquear e complicar demais a vida relacional. Por isso acabamos atuando de modo homogeneizado, muitas vezes superficial, porém, significativo como fazem as torcidas em algum esporte ou *hobbies* e tantos outros grupos com interesses comuns.

Aqui, ali, acolá, as verdades são sempre muitas, assim podemos afirmar que não existe verdade absoluta na Terra.

Por que então insistimos, IMPONDO verdades, uns aos outros, e geralmente de modo agressivo?

- Porque não nos conscientizamos da diversidade relativa na verdade de cada um e permanecemos lutando contra o tal "outro", esse que apenas pensa algumas coisas de modo um pouco diferente de nós.

- Também porque temos medo. E quanto mais angústia, menos conseguiremos PENSAR e alcançar o equilíbrio que todos merecemos.

Precisamos ou não de uma vida em equilíbrio?

- Apenas com reconhecimento das muitas verdades haverá paz.

O que são REALIDADES?

- São todos os atos e fatos que cruzam nossos caminhos a cada momento em nossa história. Eventos que existem pelas escolhas que fazemos, baseados na interpretação das nossas VERDADES.

Podemos ter boas ou más atitudes e escolhas, algumas ótimas, outras péssimas, mas seguimos sempre construindo realidades no presente, entre as quais algumas ficarão marcadas, pelo bem ou pelo mal.

Cuidar, portanto, é a regra.

Realidades poderão ser inspiração ou trauma para o futuro e para sempre. Devemos compreender e trabalhar com ambas para preservar o que há de melhor em nós, ao longo do tempo.

Não existe "pesadelo para sempre" se tratarmos cada pensamento e emoção com garra, confiança, amor e esperança, a realidade pode mudar, as dores podem "passar" (às vezes rapidamente, como mágica).

Realidades vivem sempre no presente. Não existem no tempo Passado ou Futuro. Ficaram para trás ou nem aconteceram ainda. Só o Pensamento pode alcançá-las pela lembrança do ontem ou a imaginação do amanhã. Portanto, passado e futuro são apenas ideias, não são reais.

Um fato que ocorreu no passado, acabou, não existe e, portanto, não possui nenhum poder para afetar alguém, hoje. No entanto, as consequências eventuais e as lembranças negativas são as maiores causas de sofrimento humano – pensamentos ruins de um tempo histórico, um passado que desapareceu. É preciso aprender a trabalhar as consequências que também são REALIDADE.

Isso acontece porque a Emoção, diferente do pensamento, é sempre atemporal, e por essa qualidade permanecemos com ela todo o momento, "vívida em nosso peito". Só se realiza no agora. Sentimos HOJE, ainda a emoção pelo que aconteceu no passado ou a expectativa pelo que está por vir, no futuro. Aquela, conhecida como "depressão", essa, tida como "ansiedade".

A VIDA É O QUE ACONTECE AGORA

Acredite, a Vida é o que acontece agora, um presente.

Daí a PENSAR no tempo presente, como um "Presente" para você – você pode desembrulhar, usar, vestir, aproveitar ao máximo. É no presente que a decisão acontece, aquela que irá gerar consequências e lembranças com dor ou alegria. Então..., decida bem. Sempre!

Retornarei a essa temporalidade de pensamentos e emoções em um capítulo adiante. Aliás, algumas coisas são repetidas neste livro para que não falte nada, que não escape nenhum detalhe, por qualquer distração sua ou minha, em nosso caminho para uma vida melhor.

Acredite, nosso cérebro muitas vezes quer fugir, por medo, quando nos surge uma possibilidade real de mudança. Temos medo da mudança, mesmo que ela seja para melhor, simplesmente porque não temos certeza de que será ou não melhor.

É nesse momento que você esquece este livro "em algum lugar", ele desaparece de sua cabeceira, mesa..., cabeça, e nem sequer lembra que um dia começou essa leitura.

Sabotamos felicidade, todos os dias, geralmente por medo.

Então, pense:

- Nosso pensamento pode e deve vagar por todos os tempos e até lugares, mas a emoção que esse pensamento gera é apenas sentida, percebida e vivida HOJE.

Por essa e por outras, a vida é o que acontece AGORA.

> **VERDADES SÃO REGRAS MENTAIS CONSTRUÍDAS POR RAZÕES MUITAS VEZES INVENTADAS**

> **REALIDADES SÃO AS PEÇAS QUE INTERPRETAMOS NO TEATRO DA VIDA**

> **VIVEMOS ENTRE ILUSÃO E REALIDADE**

Lembre-se:

O que é, então..., INSANIDADE?

- Algum distúrbio do pensamento ou da emoção, geralmente atendido em áreas como psiquiatria, psicologia?

- Psicose?

- Esquizofrenia?
- ...

Não.

Insanidade é:
- Um pai que bate na filha porque iniciou um namoro.
- Brigas de família por herança.
- Um jovem que agride um professor.
- Irmãos que não se falam.
- Casais que se destroem.
- Vidas que se perdem...

Simplesmente porque lutamos por medo, falta de conhecimentos em harmonia e ausência ou pouca maturidade.

Insanidade é a ilusão posta em prática em nossa cabeça, com as nossas verdades, produzindo terríveis realidades.

Discutimos, sempre iludidos, machucados, doidos, para garantir e impor as nossas "VERDADES". Muito triste isso.

E, como já me referi sobre nosso medo na introdução deste livro:
- Na Bíblia, cada Anjo do Céu que se dirigia a um de nós, antes de dizer a que vinha, sempre repetia:
- "Não temas, por que há graça para ti diante de Deus".

Somos muito tolos e medrosos.

Contudo, a nossa principal obrigação neste teatro é evoluir.

É o que Deus e a "evolução" esperam de nós.

Não vai desistir, vai?

De si mesmo e do outro.

Por tudo isso, leve sempre essa "verdade" em seu coração:
- "Não temas, há muita graça no universo para você".

Capítulo **III**

SENTIDOS ATENTOS, LIMITES POSSÍVEIS

Sensibilidade – somos equipados para "receber" do mundo muitas das informações que nele estão presentes. No entanto, logo adiante vou demonstrar que captamos somente uma pequena parte dessas informações, porém, suficientes para nossa vida e sobrevivência.

São os cinco órgãos dos sentidos, desenvolvidos em nosso corpo, que permitem a capacidade de recepção, ainda como afirmei, de modo muito parcial: visão, audição, olfato, gustação e tato.

É muito provável que também exista um sexto aparelho sensitivo, em algum lugar de nosso corpo, provavelmente, uma região do cérebro que ainda não identificamos, compreendemos ou aceitamos, mas uma capacidade humana muito bem recepcionada em campos de estudos místicos. Com o avanço acelerado da ciência, acredito que, em um futuro próximo, essa área poderá ser reconhecida e detalhada, como já fizemos com os demais aparelhos. Assim, deixará de ser mística e passará a fazer parte da ciência palpável. Tudo evolui, inclusive nosso conhecimento.

Agora, vamos pensar juntos.

Visão.

Nossos olhos são maravilhosos, no entanto, não enxergamos com os olhos, eles são apenas portas de entrada para a Luz. Enxergamos com nosso cérebro. Abrimos as pálpebras permitindo a entrada das ondas de luz, damos a elas acesso à córnea, membrana que reveste, protege e ajuda a lubrificar o globo ocular.

Os raios de luz transpassam essa fina película e alcançam a pupila, mais conhecida como a menina dos olhos, que relaxa ou contrai, a fim de permitir adequada abertura para o caminho da luz até o destino. A função é controlar a quantidade e intensidade da luz a penetrar nos olhos. Pouca luz no ambiente dificulta ou até impede a formação de imagens, então, a pupila se dilata totalmente para permitir ao máximo a iluminação. Já o excesso de raios luminosos excede a capacidade visual dificultando a visão, o que faz a pupila contrair o suficiente, para obliterar maior parte da luz e permitir ótimo desempenho da visão.

Esse processo pupilar é automático, totalmente inconsciente, fora do nosso controle. Porém, em parte, também podemos controlar a entrada de luz quando "intencionalmente" fechamos um pouco as pálpebras para diminuir excessos. Ok, não tão intencional assim, pois esse movimento também está em parte no automático, como defesa.

Assim somos, conscientes e inconscientes, para muitas coisas que quero escrever mais adiante, quando tratarmos de um melhor "controle relacional" das nossas vidas.

Seguindo, no caminho da luz possível.

A energia de luz passa pela pupila, chega e atravessa o cristalino, maravilhosa lente que filtra um pouco mais da energia e regula o ângulo dos raios, para que as imagens captadas pelos reflexos de luz atinjam perfeitamente a superfície da retina, área côncava situada na parede posterior interna do globo ocular. Aqui descansam e trabalham milhões de células sensíveis à luz, isto é, capazes de serem sensibilizadas pela irradiação visível.

Os estímulos da luz visível são transformados em energia elétrica que, por meio do nervo óptico, é conduzida até as regiões posteriores (occipitais) em nosso cérebro, onde essa energia passa a ser avaliada e "compreendida", PERCEBIDA como "aquela estrutura" que está lá fora no mundo. Uma árvore, um carro, o amor da sua vida...

Porém, note não a estrutura em si, mas somente os reflexos de luz visível que incidiram sobre ela caminharam por todo aparelho ocular até a formação de uma VERDADE dentro do nosso cérebro. A VERDADE que conseguimos SENTIR.

A luz nos alcança apenas após "bater em e escapar de", refletida em tudo aquilo que nos cerca, se estivermos de olhos bem abertos, aparelho ocular íntegro, saudável, nervo óptico funcionante e cérebro "acordado", alimentado, oxigenado.

Uma cadeira, um animal, o céu azul ou as letras escritas neste livro são apenas a luz recebida dessa "realidade" exterior, aparentemente presente no mundo, naquele momento, em nossa vida.

Essa luz conhecida como luz visível captada e trabalhada por nossos olhos é, tão somente, uma ínfima parte dos raios de luz, existentes no universo e que chegam até nós. São as cores que conhecemos, descritas e posicionadas em uma escala, entre um limite inferior (abaixo dele vivem irradiações infravermelho – não visíveis) até o limite superior (morada das luzes ultravioleta, também impossíveis de serem captadas pelo olho humano). Enxergamos tão somente dentro de limites, "além deles, não conseguimos ver..., nada".

Existe um universo enorme de energia, luzes "plenamente vivas, atuantes e reais" que simplesmente não enxergamos. Somos impedidos de ver infinitas realidades acontecendo acima e abaixo de uma escala – humana, das nossas possibilidades.

Estão em todo lugar, contudo, nem damos bola para elas, não temos consciência disso e desconhecíamos a existência delas até que, na evolução do tempo, o avanço da ciência e da tecnologia possibilitou sermos capazes de descobrir, comprovar, saber que elas existem e até aprendermos a utilizá-las em nosso benefício, como, por exemplo, o Raios X, Raios Gama etc.

O que importa deixar claro até aqui: existe muita coisa na terra e em todo universo que não fazemos ideia. Não conhecemos. Ignoramos.

Vamos somar mais alguns limitantes ao que nos é permitido enxergar:

- Olhe agora para sua frente e mire com os olhos um objeto qualquer. Não mova seus olhos, porém, note que você focaliza um ponto e capta a estrutura, formato, cor... Observe, então, que existe muita coisa ao lado, acima, abaixo desse ponto focalizado que também está sendo refletido e capturado por sua retina, sempre respeitando seu campo de visão.

E você não deu importância, ignorou, porque a tarefa dada a seu cérebro era uma só: atenção total apenas no objeto.

O que é um campo de visão?

- Se você levantar e esticar lateralmente seus braços, na altura da cabeça, olhando fixamente para a frente, e mover os dedos, perceberá o movimento deles. Deslocando as mãos um pouco mais para trás, alcançará um ponto que não mais detectará tal movimento, mas, acredite, seus dedos ainda estão lá e se movimentando.

Tudo o que está à frente dos seus dedos, a partir do que vê, é seu campo de visão. Pouco menos de 180° desde os dedos de uma mão até a outra em todas as direções, passando pela frente dos seus olhos.

Portanto, além dos limites que apenas enxergamos entre as faixas de ondas de energia luminosa, também só somos capazes de ver dessa energia que esteja dentro do nosso campo de visão. Realidade bem limitada em pequena escala de luz, diversas restrições orgânicas e funcionais, campos de visão...

O que nos limita ainda mais para que "possamos ver"?

- Coragem.

Como assim?

- Para ver (sentir) o mundo precisamos sair, expor, arriscar. Colocar nossos olhos nos múltiplos e diversos objetos ou caminhos que estão por aí, fora do nosso campo de visão, adiante dos limites físicos, geográficos e, principalmente, de segurança.

Já ouviu falar sobre pessoas, geralmente aquelas que moram no interior do País, e nunca viram o mar?

- Para elas o mar existe ou não?

- Que tal enxergar outra realidade que você nunca viu?

- Uma grande cidade..., admirar a Terra a partir do alto..., dentro de um avião em movimento de aproximação de uma cidade, de dia, de noite.

- Um animal exótico correndo, serpenteando pela mata fechada.

Que tal "começarmos a enxergar"...

... jovens largados e abandonados nas calçadas, após uso de entorpecentes, por falta múltipla de visão, afeto e maturidade.

... mulheres feridas, paralisadas, em pânico, após muito apanharem dos companheiros, por falta múltipla de visão, afeto e maturidade.

... crianças abandonadas e passando fome de alimento, de toque, de amor, por falta múltipla de visão, afeto e maturidade.

Sim, precisamos de coragem para enxergar a vida, a beleza, o curioso, outras realidades, assim como focalizarmos a dor, a angústia, a morte.

Quantas coisas não vemos, quanta luz não permitimos sensibilizar nossa retina e quando ela tenta, fechamos rapidamente os olhos, cérebro, o coração. Não vemos, não ouvimos, não sentimos e muito menos..., percebemos.

Estariam alguns fatos da vida localizados além dos extremos de uma escala humana, e, anestesiados, "descartamos" de nosso cérebro?

Ainda há mais uma fascinante "Luz" para "entrar em nós": a Dele. Porém, essa deixo para outro momento, experiência, livro.

O que quero afirmar aqui é que enxergamos apenas uma mínima parte da Vida. Uma pequeníssima parte da REALIDADE.

Porque vemos, porque não vemos, e falta coragem para ver.

ENXERGAMOS APENAS UMA MÍNIMA PARTE DA VIDA

E viva Picasso.

Não se apavore, não serei detalhista com outros aparelhos biológicos de recepção, aliás, comentarei somente mais um, a nossa audição e apenas, para dar mais "som" sobre o que nos é permitido sentir do mundo.

Afinal, o que ouvimos?

As orelhas não são tão esteticamente bem avaliadas como nossos olhos, mas, compõem outro aparelho fantástico, oferecido pela natureza, para "ampliarmos a leitura" do mundo. Ver mais, ouvir mais,...

Contudo, assim como não enxergamos com os olhos, não ouvimos com as orelhas e ouvidos, são, respectivamente, tão somente portas de entrada e caminhos para o som. Também captam ondas de energia, vibrações que se realizam sonoras, diferentes das anteriores, ondas luminosas.

Nesse aparelho, do mesmo modo, existem diversas limitações.

Ouvimos REALIDADE, somente dentro de uma frequência de ondas, que vai na escala de 20Hz até 20.000Hz.

Acima residem os ultrassons, ondas que animais como morcegos são capazes de traduzir, e abaixo, os infrassons, lar dos ouvidos cetáceos – baleias, golfinhos... – que emitem e "conversam" por meio dessas vibrações imperceptíveis para nós humanos.

Fato:

- Existem ondas sonoras, ainda fora de nossa capacidade auditiva. Estão sempre lá, REALIDADE no mundo, na vida, no universo.

Assim como controlamos ondas ultravioleta e infravermelha, o homem alcançou tecnologia para transformar ultrassom em luz e imagens capazes de serem captadas por nossos olhos.

Conseguimos visualizar um feto em desenvolvimento, ver e ouvir o coração dele bater, ainda no ventre de uma gestante..., IRREALIDADE até pouco tempo atrás.

Viva a ciência..., a filosofia. E a tremenda curiosidade humana.

As ondas sonoras passeiam pelo pavilhão auricular (nossas orelhas), penetram pelo ducto auditivo (o ouvido) e fazem vibrar uma pequena membrana no fundo desse curto trajeto, o tímpano, que, ao se mover na frequência das ondas sonoras, estimula uma série de ossículos a ele ligados, o que permite transmitir a vibração a uma estrutura mais interna, chamada labirinto, onde pequeníssimos cílios, em toda a extensão da cóclea, estimulam células auditivas, transformando as ondas sonoras em novo estímulo elétrico.

Partiu energia para dentro do cérebro, onde, mais uma vez, ele trabalha essa força, traduzindo-a em sons, tornando possível serem analisados e compreendidos por nós.

Novamente. O entendimento do mundo por meio do som depende de diversos fatores externos, internos, cerebrais e mentais, mas, vamos ficar por aqui, pois o que somente quero deixar claro é que: Ouvimos também apenas uma mínima parte da vida.

OUVIMOS APENAS UMA MÍNIMA PARTE DA VIDA

E..., viva Beethoven.

Como comentei, não quero seguir com todos os outros órgãos dos sentidos: nariz, língua, pele..., contudo, acredite, repetem nossas possibilidades e limitações, em cada etapa. A realidade lá fora é uma, recebemos apenas uma mínima parte dela.

Somos muito pequenos em nossos sentidos, na capacidade de "ler" o mundo, isso importa saber. Enxergamos, ouvimos, sentimos por meio de aparelhos, e cada qual transforma a energia luminosa, a acústica, a..., em energia elétrica, a ser direcionada e trabalhada em nosso cérebro.

Desse modo, SENTIMOS o que nos é PERMITIDO pela natureza e por nossa coragem para superar ou não limitações.

Somos seres finitos, diante de uma gama enorme de estímulos. Capazes de sentir apenas uma ínfima parte do universo.

NÃO SENTIMOS O MUNDO REAL

Precisamos urgentemente enxergar e ouvir muito mais com o coração, usando cada célula do nosso corpo, a energia possível do infinito e a intencionalidade da Alma.

- Será que algum dia, no futuro, encontraremos dentro de nós ou alcançaremos tecnologia suficiente para construir "externamente" um APARELHO PSÍQUICO, capaz de nos permitir sentir mais e melhor tanto as alegrias da vida, como os sofrimentos do mundo, e, dessa maneira, promover reações mais efetivas e afetivas?

Afinal, artificialmente já evoluímos muito na nossa capacidade de ver, ouvir, sentir o mundo para além do nosso corpo. Centenas de equipamentos permitem ao homem uma ampliação da realidade. Lunetas e microscópios, radares e tantos outros sensores... Agora, é urgente aumentarmos nossa compreensão de como formamos nossas verdades. Para isso, no próximo capítulo, vamos seguir com a noção do que é o "perceber".

Capítulo **IV**

PERCEBEMOS O QUÊ?

Perceptibilidade – o cérebro recebe informações do mundo, como descrevi até aqui, SENTIDAS, captadas por meio dos nossos aparelhos especializados, e tem agora como função PERCEBER o mundo, isto é, dar conta do que fazer, encontrar destino para todas as informações.

Quando uma criança chega ao mundo é recebida com alegria, muitos sorriem e dão gritinhos, até mesmo de alivio pelo fim de uma fase gestacional com boa dose de riscos, um momento muito importante para todos.

Papai, mamãe, enfermeiras..., repetem uns aos outros:
- "Que bonitinha!"
- "É menina mesmo?"
- "Doutor, por que ela não chorou ainda?"
- "Não deixa ela esfriar", grita o pediatra exaltado enquanto o cérebro da criança tenta administrar tantas diferentes sensações.

As luvas de borracha do médico esfregando vigorosamente as costas, luz intensa que não permite a ela abrir os pequenos olhos..., tantos movimentos e estímulos...

Só pode chorar mesmo.

Assim inicia uma magnífica construção neural e mental na criança, muito diferente daquela que estava acostumada até então, no ambiente escuro, quentinho, que pouco se alterava dentro do útero. O cérebro dela já se desenvolvia desde embrião, mas com outros estímulos.

Toda essa enorme experiência para o bebê, as muitas luzes, sons, odores, gosto, tato e movimentos que passam a afetar os aparelhos receptores – olhos, ouvidos, nariz, pele..., ainda que gigantesca, é somente uma parte muito pequena das realizações sensíveis presentes no mundo.

Difícil imaginar a quantidade, qualidade e intensidade desses diversos estímulos para ela. São muitas informações que chegam como vibrações, em ondas de energia. O cérebro de um nenê, coitadinho, precisa lidar com todos esses fatores ao mesmo tempo, sem nenhum conhecimento prévio do que é cada um deles ou sequer ter ideia do que se passa.

Conhecimento, ideia, interpretação..., calma, chegaremos lá.

O nenê ainda não possui conhecimento, não forma nenhuma ideia e não tem material de base suficiente para sequer tentar interpretar. Quase "um pacote" (para levar para casa e "adestrar" – esse é o ponto).

Que revolução acontece para ele na sala de parto! Não apenas para ele, mas para a mamãe, papai, irmãos se "existirem", família... que um dia também passaram por todas essas experiências e hoje ainda são cérebros e mentes em evolução. Como eu e você.

Mas, este não é o nosso objetivo agora.

Antes de seguir, quero comentar sobre uma realidade da criança ao nascer. Ela vem ao mundo, chora ainda em meus braços enquanto eu aguardo a autorização do pediatra para ligar o cordão, este laço mágico que a vincula diretamente ao corpo da mãe. Cortado o cordão, levanto o recém-nascido para "as fotos que serão tiradas pelo pai", nervoso, que neste momento não sabe o que pensar e precisa ser guiado o tempo todo. E a minha intenção imediata é levar a criança a ser apresentada para a mãe. Um momento tão especial que emociona sempre. Aqui eu chego ao que eu também quero te contar, acredite, "a criança cessa o choro à medida que eu a aproximo da face da mãe", para o primeiro encontro, o primeiro beijo. Um bebê com olhos fechados, e nada "conhecido" indica para ela que esse encontro acontecerá. Por que termina o choro ao "saber" que se aproxima da mãe? Um cérebro primitivo, mas suficiente para fazê-la reconhecer que está perto do "objeto mais significativo e seguro do universo para ela naquele momento"? Um odor como sensação e percepção? Ou um sexto sentido que ainda não conhecemos claramente? Não sei. Só sei que é um momento maravilhoso de um encontro de almas.

O cérebro imaturo da criança vai recepcionando todos os sinais em ondas de energia. Inicia avaliação de cada um, organiza, ESCOLHE aqueles que deve priorizar e abandona, joga fora, não dá bola, para a imensa maioria dos sinais que já, primitivamente, acredita que pode e deve dispensar.

Somos muito inteligentes, desde muito cedo, inconscientemente. Um processo automático da nossa evolução.

Não só cérebros imaturos agem assim. Todos nós funcionamos dessa maneira, "escolhendo" o que aparenta valer à pena, "descartando" o resto, sempre de modo inconsciente ou até mesmo pouco consciente.

No início da vida, predomina o inconsciente, inspirado por Deus e pela natureza Dele, imagino. Com o passar dos anos, torna-se pouco mais sabedor das escolhas, porém, ainda muito dependente do poder de decisão e estímulo por parte do inconsciente. Não pensamos em tudo o que nem olhamos, ouvimos, sentimos..., não damos importância.

Apesar de não parecer um momento ideal para aprofundarmo-nos nesse assunto, vou provocar um pouco:

- Existe um universo externo e interno a nós, que trabalha e conversa com nosso cérebro antes de tomarmos uma decisão "pensada".

Explicando:

- Hoje, novas técnicas utilizando aparelhos de neuroimagem funcional são capazes de detectar por meio de cores que dinamicamente se ascendem e se movimentam na tela dos equipamentos, o exato momento em que áreas cerebrais são ativadas ou desativadas.

Isso acontece devido a aumento ou diminuição do metabolismo celular naquelas regiões cerebrais, enquanto oferecemos diferentes estímulos ao indivíduo, cujo cérebro está sendo observado. Esses estímulos externos promovem pensamentos e emoções, permitindo descobrir quais as estruturas cerebrais estão com eles envolvidas, como se inter-relacionam e atuam.

Explosões de cores nas telas dos equipamentos que "olham" para dentro da nossa cabeça e veem locais específicos, de acordo com o que PENSAMOS e SENTIMOS – "conscientes" que pensamos e sentimos.

O que foi descoberto até agora é que sempre, em frações de segundos, antes de essas áreas conscientes eclodirem, regiões do inconsciente, demonstram alguma atividade. Forte indicador que há previamente um impulso inconsciente que nos faz "acordar" para o "consciente" e somente, então, respondemos a esse estímulo com ações ou inações.

Portanto, agora sabemos que escolhemos nossos atos com pensamentos conscientes, ao menos na maioria das vezes, apenas após um empurrão do inconsciente.

Reforçando:

- Tomamos consciência e optamos por agir, ou não agir, geralmente em resposta a um impulso original, um "motivo" pré-construído, já presente e vivo no inconsciente. Provavelmente uma estratégia de defesa por um aprendizado do passado que se tornou automático (não mais consciente) de tão importante que era. Foi escolhido pela natureza para nos ajudar de modo mais rápido no futuro.

Será que nossas escolhas, nossas decisões hoje, são, portanto, tão conscientes assim?

- Louco isso, não é mesmo?
- Cada ato, fala, direção que tomamos, não vem apenas dos nossos pensamentos, mas de áreas mais profundas em nosso cérebro que ordenam e coordenam antes o que pensamos.

Calma, não somos zumbis (mais ou menos).

O inconsciente, que nos pertence e comanda, foi construído durante toda a nossa vida e vive no automático, para facilitar, proteger, direcionar. Uma excelente arma, que se mal montada, negligenciada, pode destruir seus sonhos, sua felicidade e até arruinar seu futuro e sua vida (e leva junto as pessoas que você ama e convive). Tem muito valor a formação e manutenção da nossa mentalidade. Daí tamanha importância desse tema e nosso controle sobre esses sistemas. Sim, é possível e desejado mudarmos ideias ruins em nossa mente e melhorar as que nos fazem bem. Somos "um processo biológico" em pleno andamento, do nascimento até o último dia.

Ao começar a aprender a dirigir automóvel você precisa conhecer e PENSAR muitas vezes no acelerador, freio, na troca de marchas, ou mesmo perceber mudanças de velocidade e os caminhos a seguir.

Ah, está bem, seu carro é automático, mas, você precisa aprender a usar o D, R, P..., as letrinhas escritas ali naquele câmbio. Isso também leva algum tempo até se tornar inconsciente, o que ocorrerá após alguns meses e... erros. Vários comandos intencionais e conscientes começam a se dissipar e torna-se cada vez menos necessário, pensar.

Os erros também diminuirão exatamente porque não precisam mais de decisões lentas, "pensadas". Hoje você pega seu carro, sai PENSANDO na vida sem mais PENSAR no acelerador, freio, e as falhas diminuíram exatamente porque foram deixadas nas mãos de um poderoso e automático inconsciente: o nosso piloto automático biológico. É verdade meu amigo, seu carro tem um poderoso piloto automático até mais eficiente do que aquele que você aperta um botão para acionar. Digo isso porque se um caminhão vier em sua direção, mesmo você pensando "na morte da bezerra", seus braços irão desviar antes mesmo de você se dar conta do "fato". Coisa que o piloto automático do carro (ainda) não está preparado para cumprir. E dá-lhe adrenalina e outras emoções para tirar você daquela situação – raiva, medo, choro... "Seu filh...#@$%#"! Viu! Seu piloto automático interno salvou você (e a ele mesmo, o cérebro).

O inconsciente, muito mais forte do que a nossa mente acelerada, está ali para nos defender e auxiliar em tantas atividades que não precisaremos mais pensar e possamos, desse modo, utilizar da capacidade de pensamento para outras funções mais objetivas e para o direcionamento da vida. Ele cuida da sobrevivência com milhões de aspectos subliminares importantes e ainda direciona o pensamento para completar o trabalho. O que importa agora é "desacelerar". A mente e o carro.

Nosso cérebro vivencia tudo. Descarta partes da REALIDADE a fim de economizar energia e, para facilitar, coloca o máximo que pode no automático. Apenas reagimos ao inconsciente. Portanto, é bom darmos atenção "para montar esse inconsciente da maneira mais adequada possível para nossa vida e felicidade". A formação de uma mentalidade saudável e boa para nós passa pela construção de uma excelente base inconsciente. Vou repetir de tão importante:

> **A FORMAÇÃO DE UMA MENTALIDADE SAUDÁVEL E BOA PARA NÓS PASSA PELA CONSTRUÇÃO DE UMA EXCELENTE BASE INCONSCIENTE.**

Como fazer isso?

- Do mesmo modo que aprendeu a dirigir. Faça o que precisa fazer PENSANDO, exercite, e logo "fará o que precisa ser feito sem pensar". Mágica! Não! Intencionalidade.

Você quer deixar o medo ou a coragem no automático?

- Geralmente deixamos o medo e passamos a vida sofrendo diversas consequências desse terrível "erro de programação". É possível trocar o medo desproporcional à vida por "coragem", mas precisa-se de um desejo ardente, esforço, direção e muito, muito exercício. Este "muito, muito" foi proposital, não para desanimar você, mas para mostrar que é possível e também para "desenhar" uma realidade:

- Uma mentalidade não muito boa irá pensar assim "Ai que saco, isso não é para mim!".

- Já uma mentalidade mais bem informada pensará imediatamente "Uau! Tô dentro!"

Faz bem acreditar nas ordens e comandos inconscientes quando construímos conscientemente uma estrutura saudável de pensamentos que serão aos poucos guardados, e para sempre nos servir no modo automático. Faz bem também porque nos permite acreditar que, "se foram criados e guardados tais comandos, podemos corrigir aqueles que nos trazem danos, hoje". Reprograme(-se)!

No caso do automóvel, conseguimos voltar para casa porque quem nos conduziu e guiou o carro na maior parte do percurso foi o cérebro e não nosso pensamento (que também ronda lá pela cabeça). Pois, o pensamento precisa de nós "inteiros", caso não, não sairíamos do lugar. Ok! Você diz. Hoje já existem carros automáticos que nem precisam de motorista. Sim, eu sei. Mas..., quem decide para onde ir? Quando ir? Quem o aciona? Quem decide parar...? Você!

Agora, lembre-se mais uma vez do inconsciente agindo um pouco antes de o consciente tomar ação. Intuição?

- Em algumas situações algo no inconsciente assopra em seus ouvidos, em sua mente e em sua alma:

- "Vá para casa. Pegue seu carro agora e saia desse lugar. Aqui não é seguro para você".

Seu pensamento tenta rapidamente desobedecer para que você permaneça naquela festa, repleta de drogas e diversos outros problemas, afinal, tudo o que você deseja é ficar com seus amigos, mesmo não querendo nada com drogas.

Mas, o inconsciente não deixa você sossegar enquanto não pegar suas coisas e sair daquele lugar, fugindo na direção da segurança pré-conhecida, "um valor implantado previamente em seu cérebro". Geralmente essa programação mental é criada e desenvolvida em um sistema chamado FAMÍLIA, em um equilíbrio possível, às vezes não tão bem assim. Mas você, observando e não aceitando muita coisa "ali", cria seus próprios bons valores e segue forte pela vida.

Na formação com amor, são instalados elementos de equilíbrio e segurança que aos poucos se tornam automáticos. E você diz "NÃO" para toda situação que não "bata" com os padrões que você aprendeu. Foi esse mecanismo que permitiu a mim e a minha esposa, muito antes de nos conhecermos, dizer não às drogas e nos afastarmos daqueles "amigos" antigos que não tiveram a mesma força mental e sorte.

A exposição do cérebro em formação desde a infância, na presença de pessoas amorosas e sistemas adequados, consegue criar e suportar meios de proteção. Família amada, educadora. Porém, também depende da interpretação de cada um. Interpretação essa que será mais bem exposta mais adiante neste livro. Por enquanto guarda isto:

A PRIMEIRA LEI DO UNIVERSO: O IMPERATIVO DO AMOR

Enquanto faltarem esses elementos, você permanecerá na festa. Sorrindo e carente de atenção, aceitação, pertencimento... (ruídos que atraem drogas, violência, sexo irresponsável, crime...).

Existem também outros estímulos que não apenas os do mundo lá fora. Até aqui conversamos sobre os EXTERNOS que são "recebidos" durante a vida, e assim aprendemos a dirigir, jogar pingue-pongue, andar, desenvolver habilidades necessárias ao esporte, profissão e tantas outras atividades. Quero expor agora os estímulos INTERNOS, como a fome (sentida) devido à baixa glicose no sangue, o que imediatamente ativa centros inconscientes e leva você a "PENSAR em comida" e "LEMBRAR da geladeira", isto é, trazem "ideias" para o consciente – enquanto o inconsciente segue "dirigindo você" automaticamente até a cozinha ou ligar para os amigos com bela intenção de irem com você "pecar" naquela confeitaria, pizzaria, restaurante... lugares tão bem guardados na memória, pois tamanho prazer gastronômico e relacional já sentiu nesses lugares.

São diversos e diferentes os estímulos e níveis de consciência.

Nem precisa pensar no caminho até a cozinha, onde SABE que está a geladeira, o que é uma geladeira..., o que pegar... e milhares de atividades apenas para você saciar a fome. Ou o telefone, ou... o que vier à cabeça para realizar o desejo e impulso, não é essa mesma a frase que usamos? "Vir à cabeça"? É! Veio de onde?

Vivemos como se numa dança permanente entre parceiros – consciente e inconsciente –, no entanto, quem convida, escolhe e toca a música é o gigante inconsciente, o consciente, dança e canta, porém, de modo positivo, se durante a vida "construir poder suficiente" para aceitar ou não aceitar convites.

Você ainda acha que escolhe, de modo puro e exclusivo, o que comer, aonde ir, o que fazer... quem namorar? Eita! Este assunto é para outro livro "AMOR, CÉREBROS E ESCOLHAS".

- Pode ser que você faça escolhas, sim, mas terá que batalhar e ficar bem atento porque "o cara", esse tal de inconsciente, é muito forte. Ele decide, e apenas permite que você PENSE, aceite... ou recuse, caso esteja de dieta, tenha equilíbrio suficiente para fugir das drogas nas festas, ou, por outro lado, corromper-se por tantos desejos infantis etc.

Em suma, muito em nós é inconsciente, pouco resta para o consciente. Este só se tornará forte quando você "decidir". Chama-se "MATURIDADE". Algo que devemos sempre perseguir. Assumir o controle de nossas vidas e aceitar melhores destinos.

Este é o modo que nos é permitido viver (bem ou mal). Imagine ter que pensar em tudo, cada passo, a cada instante. Seria impossível. O inconsciente inicia o processo e toma conta do consciente. Mas..., esse deve também "tomar conta" daquele. Trabalho duro, mas possível.

Avalie agora uma coisa bem mais louca ainda:

QUEM INICIA O INCONSCIENTE?

- Mas..., quem inicia o inconsciente?
O que gera "o ascender das luzes da inconsciência"?

- Se o inconsciente inicia o processo, algo o provoca para isso? Ou "vem do nada" e, simplesmente, a inconsciência fica animada sozinha e *poft*, corre até a consciência para que possamos agir?

- Será que algo prévio aciona a inconsciência, ela avalia se bom ou não, e somente então "avisa" a consciência para juntos atuarem no grande teatro da vida?

- O que seria esse "algo prévio" à inconsciência?

- O amor e atenção de nossos pais foram gravados na inconsciência.

- O que vem antes desse grande amor?

- O que pode estar "gravado" no universo "lá fora" e quer nos mover em segurança..., para Casa?

Ai, meu Deus!

Elocubrações minhas!

Deus!

Capítulo V

UM PRESENTE DO INFINITO

Existe algo anterior ao inconsciente, prévio a ele, além do estímulo externo e interno que apreendemos e automatizamos no mundo. Alguma coisa vem "bem de fora", talvez de longe, um pouco mais distante, provavelmente do infinito.

Talvez desde o "Haja Luz", irmão espiritual do "Big Bang" (adoro pensar desse modo, traz beleza à ciência).

Não sei.

Mas, sei que existe e não é apenas fé, é também lógica. Ambas, muito presentes no desde o Princípio.

INSPIRAÇÃO.

Será a inspiração um recado de Deus para nós?

- Uma força que chega ao nosso cérebro e instiga o inconsciente "acendendo" luzes em nosso metabolismo cerebral primário, instantes antes da consciência sentir e perceber o encantamento e o caminho?

- Momento que se abre para nós grande oportunidade junto com uma maravilhosa sensação de bem-estar difícil de explicar?

- Apenas vivendo com os olhos e o coração bem aberto poderemos ao menos tentar observar, acreditar e compreender.

Então, para sentir esse bem-estar é preciso pensar que ele existe, aceitar que há algo mais nesta vida, não apenas um agir/reagir sem fim. Não somos robôs avançados, somos artistas. Às vezes..., é desnecessário compreender profundamente, basta sentir.

INSPIRAÇÃO

Um dia fui compositor de letras e músicas, hoje não mais. Compreendia muito bem como era possível, conscientemente, abrir a caixa do violão e tocar algumas notas conhecidas e treinadas que seguiam sozinhas e automaticamente, microssegundos depois, à medida que eu pensava na vida, nas paixões, e não mais no violão. Coisas da idade?

- Sim, e o inconsciente me levava a pegar aquela caixa para algumas vezes, provavelmente, tratar a dor que eu estava sentindo na alma e acalmar a solidão com os sons que eu iria "conscientemente" produzir.

Mas..., o que chegou até onde eu estava, acionando meu inconsciente para provocar meu desejo de tocar violão? Algo que "olhou para a minha dor" e disse ao inconsciente vai, toca... essa angústia daqui.

Enquanto brincava de produzir algumas notas, ouvindo os sons que construía com meus dedos, subitamente surgia uma linha melódica diferente, que eu não conhecia, imediatamente com elas saltavam palavras, frases inteiras, e eu parava de tocar para escrever notas, estrofes, rimas..., antes que pudessem se perder, de volta, sei lá para onde.

De onde vieram?

- "Voilá"

Seríamos nós uma antena captora de "recados do universo" – músicas, ideias, valores..., propósitos e sonhos?

- Não é exclusividade minha, nem apenas com letras e músicas. Muitos pensamentos e inícios de grandes revoluções científicas começaram desse modo: INSPIRAÇÃO.

Composições minhas foram registradas, documentadas..., até que produzi algumas melodias, canções bem interessantes quando mais jovem. "Eu, ou alguém mais..., lá de cima"?

- Não sei.

Importa?

- SIM.

Recados de Deus?

- Aprendi também com o tempo, quando precisava pensar a fundo sobre um problema, algo importante para resolver, a pior coisa que poderia fazer era exatamente isto, PENSAR.

Não somente para compor músicas, escrever livros, resolver problemas "ou grandes descobertas científicas", passei a prestar atenção e buscar INSPIRAÇÃO, venha ela de onde vier. "Sentir com o universo".

Uma maneira de fazer isso é estar atento aos primeiros pensamentos que surgem exatamente naquele momento que estamos acordando, ainda não totalmente despertos e conscientes.

Muitas vezes eles vêm misturados e na sequência de um sonho.

Houve ocasiões em que saí da cama, correndo, para anotar ideias que se mostraram fantásticas mais tarde. Hoje há um caderno e uma caneta sobre a minha mesinha de cabeceira para anotar até quando acordo no meio da noite, "documento a inspiração", e volto a dormir.

Quando estou acordado e precisando decidir ou resolver alguma coisa, o que faço exatamente é procurar esvaziar o cérebro. Diminuir ao máximo os pensamentos..., para poder "ouvir" o universo e os presentes que ele tem a oferecer.

"Ouvir o que os Anjos nos contam ou pedem". Sem receios.

Contam primeiro ao inconsciente previamente preparado, treinado, em equilíbrio, com exercícios diários de amor, lembra-se disso? Nosso consciente treina o inconsciente que, por sua vez, abre-se para o infinito, para os anjos e para Deus.

Outra manhã, acordei para sair em viagem, ia de carro para uma praia, a fim de ver um apartamento para comprar. Segundos antes de "abrir os olhos" algo disse forte ao meu coração: "Não vá!". Foi muito forte. Não foi uma "fala normal ou confusa". Obedeci. Aprendi a respeitar.

Pensamentos acelerados, por medo e agonia, um inconsciente destreinado, sofrido por uma história difícil de vida, dificultam ou até impedem a aproximação de falas e respostas que estão à disposição todo o tempo. Brigando com ideias tolas, não ouvimos os recados de Deus.

Vivemos um mundo acelerado e PENSAR, PENSAR, PENSAR. Somos treinados para PENSAR o tempo todo, como se isso nos diferenciasse diante dos outros, em uma competição sem fim. Depois não sabemos por que não conseguimos dormir. SIM! Pensar é importante, mas exige a direção de um consciente "adestrado" e um inconsciente "cuidado" por uma história de vida que todos nós merecemos.

Em vez de acalmarmos nosso cérebro e coração, e ouvir o infinito, escutamos "médicos", alguns treinados por indústrias manipuladoras, a prescreverem "remédios para dormir", tranquilizantes, antidepressivos... E lotados de medicamentos, seguimos nós a vida, sem abrir mão dos nossas gigantescas ilusões e angústias.

Bastaria parar de pensar em demasia e permitir-se SENTIR a Vida, em infinitas direções, com todos os sentidos devidamente preparados, aguçados.

Esse processo humano, atual e absurdo, acaba por abafar ações adequadas do inconsciente e provavelmente, sem nos darmos conta, "fechamos a porta" para as lindas inspirações que vêm graciosamente até nós, de todos os cantos do universo. O universo inteiro torce por nós.

Há de fato uma força maior que vem de fora na forma de INSPIRAÇÃO, que ativa nosso inconsciente, ligando o consciente e os pensamentos à ação positiva e realizadora?

- Pergunto a você: causa algum dano acreditar?
- Experimente. Por que não?
- Se o inconsciente é dominante diante do consciente e pode haver no universoforças inspiradoras que ativam esse inconsciente..., precisamos urgente APRENDER a permitir, facilitar o caminho e viver muito melhor, enquanto ele nos movimenta, dirige nosso carro, sorri para quem amamos, impulsiona decisões, enobrece relações..., para uma vida maior e de muito valor.

Não precisamos temer nada, afinal, Ele, somos nós.

Não estamos sós.

Acredito que não estou sendo místico, apenas reconhecendo coisas que ainda não comprovamos a existência, apesar de já observarmos imagens de nosso cérebro em funcionamento nas telas de equipamentos, esses que nós mesmos construímos, instrumentos que são expansões de nossos corpos, movidos por muitas INSPIRAÇÕES.

Místicas?

- Mesmo sem ter prova e certeza se existem, diariamente sentimos e experimentamos consequências positivas em nós. Deve ser um pouco (ou muito) daquela fé "que move montanhas".

Os orientais já praticam esses conceitos há muito tempo por meio de técnicas de meditação, respiração e relaxamento.

De onde vem a inspiração?

- "Seríamos", de fato, antenas apontadas para o céu?
- Vem cá, conte-me agora por que você parou de ler, sorriu e olhou direto para cima?

- Para retomar o início dessa nossa conversa, neste capítulo, vamos encerrar essa parte com o que quero deixar bem claro para você.

Acompanhe:

- Uma ínfima porção das informações existentes no mundo alcança nosso corpo. Muito pouco, mas que já pode causar uma grande confusão se não bem elaboradas.

E acredite. Como afirmei até o momento, o cérebro descarta quase tudo, porque muita coisa é desnecessária para nossa vida, a maior parte do que olhamos, ouvimos, sentimos, fazemos, dizemos...

Também daquilo que vem do universo construímos em nós o hábito automático de bloquear e descartar em grande medida.

RECEBEMOS UMA MÍNIMA PARTE DO SENSÍVEL E JOGAMOS FORA QUASE TUDO

Possuímos inteligência inata – nascida conosco – capaz de discernir e escolher o que mais importa, claro, vamos aprendendo aos poucos: "mamá", odor, calor, toque da mãe, paz... Mãe. Amor de mãe...

Algo mais importa nesse momento?

- Pode jogar fora muita coisa, mas..., a mãe e o amor ficam!

A menor "parte" que restou de tudo do que expus até agora será guardada em uma área cerebral chamada hipocampo, porção neural especializada na memória, para que possamos mais tarde, durante a vida, resgatar essas informações a fim de reconhecer e, pouco a pouco, dar novos significados ao mundo significante – APRENDER.

Do que aprendemos, partes serão novamente descartadas, esquecidas. No entanto, pequenas porções, pedaços de lembranças permanecem e seguimos fazendo toda essa construção relacional com as pessoas e com o mundo, de modo automático, sem nosso consentimento consciente.

Uma fabulosa qualidade evolutiva no universo de todos nós.

Para Ele e para nós.

"Cara"..., acredite:

- Você é Fera!

Capítulo VI

DESAFIO DE APRENDER

Conhecimento – Para aprender precisamos CONHECER, para sermos capazes de compreender, ao longo do tempo, o que nos é apresentado pela VIDA, para a vida.
O que uma criança conhece do mundo?
- O que é uma cadeira?
- Um dia uma criança se dá conta de que a mãe se sentou para descansar e o fez em cima de alguma coisa. A criança olha, olha..., e vê algo que não sabe o que é, contudo, consegue enxergar um encosto; uma base que é o assento; quatro pernas..., "Uma cadeira".
Após conhecer a cadeira, cada vez que se depara com algo que possui encosto, assento e quatro pernas entende que é uma cadeira, ao mesmo tempo que relaciona com descansar. Também percebe que a mãe precisa muito descansar. Aprende que pode empurrar a cadeira na direção da mãe quando vê, percebe, interpreta a mãe cansada e quer ajudar. Proteger, sentir-se amada, vai desse modo aprendendo a amar.
Chora, quando derruba a cadeira, porque sabe que será repreendida. E, aos poucos, passa a ter mais cuidado.
E quando quebra alguma coisa então?
- Limite. Criança adora e pede limite – coisas do universo.
Assim, um número gigantesco de neurônios vai atuando, crescendo, formando milhões de novas conexões a cada dia, a cada experiência, guardando o que interessa na memória, descartando o resto.
Um dia, a criança se vê diante de uma cadeira diferente. Um encosto bem maior e que não termina abaixo, é contínuo, seguindo pela base formando uma unidade com o assento. Bem, pensa ela, tem encosto, assento, apesar de diferente, quatro pernas:

- "Bingo! Também é uma cadeira".

Não, responde alguém perfeccionista, esta é uma poltrona.

Opa! Outro tipo, e outro, uma diferente da outra. Há muita coisa no mundo para descobrir.

Um dia, visitando uma loja com a mãe, ela ri muito quando avista um encosto, assento, mas..., uma perna só, larga e serpenteia até o chão, então compreende: uma cadeira nem sempre tem quatro pernas.

"Descansa nessa mãe"!

Lá no fundo da loja nota algo que mais parece uma nave espacial. Já viu parecido em um desenho animado na televisão. Uma concha com um pé só..., e ainda é uma cadeira?

- Não, responde a vendedora, ah! Sei lá o que é.
- Futurista.
- Entendi, diz a criança, mesmo sem compreender quase nada ainda!
- "Mas também se pode descansar nela, não é verdade"?
- E esta aqui, insiste a criança? Tem quatro pernas, assento, mas..., onde está o encosto? E a criança olha embaixo, novamente em cima e a mãe diz:
- Não, filha, isso não é uma cadeira, isso é um banco.

Fato:
- Crescemos dando um ou outro significado para tudo, aprendendo cada vez mais, a cada momento, a cada dia, e construindo uma IDEIA diferente do mundo, de tudo que nos cerca.

Ao dormir, nosso sono profundo ajuda a guardar essas coisas na memória. Porém, apenas, uma ainda menor parte delas, o suficiente para resgatarmos informações mais tarde, quando precisarmos, ou, como são nossos pensamentos, muitas vezes nem sabemos por que estamos lembrando tais coisas. Acredite, tudo faz sentido para o cérebro.

QUANTA COISA "PRÁ-PRENDÊ"

IDEIA.

Ideia é uma representação mental de algo concreto.

Uma pedra, por exemplo (vamos deixar a cadeira de lado um pouco, ficará apenas na memória. Ela e o banco, a visita àquela loja, a...).

Você sabe o que é uma pedra!

Um dia aprendeu, olhou para ela, sentiu a textura, o peso, guardou na memória e hoje sabe reconhecer uma quando "topa nela" em seu caminho e fere o dedão, precisando logo de uma cadeira para se sentar (eita!).

A representação mental é você pensar agora em uma pedra, exatamente agora enquanto ainda segura este livro. A imagem dela vem imediatamente à sua mente. Muitas vezes, nem uma imagem, mas pedaços de "coisas" que você SABE que é uma pedra e faz IDEIA que é uma pedra. Lembra-se de (parte de) uma que já viu em algum lugar.

Coca-Cola.

Pronto!

- Imediatamente você para a leitura que está fazendo com a ideia fixa de buscar uma, na sua geladeira.

Note que parou de ler e ergueu levemente a cabeça, ainda segurando o livro e ao mesmo tempo direcionando os olhos para o nada, pouco acima da cabeça, geralmente um pouco para a esquerda – ou direita, ou reto –, dependendo onde seus neurônios resgataram a imagem mental – não da Coca-Cola, mas da IDEIA de uma Coca-Cola.

A ideia é que você sabe o que é uma garrafa desse refrigerante, mas não precisa de toda imagem para "ver" que é ela vagando suave e agradável em seu pensamento, principalmente se o dia estiver quente.

Pare!

Fique onde está, aí mesmo..., e continue lendo.

Era apenas um exemplo de como o *marketing* faz você "levantar" da cadeira e dar lucro para a Indústria.

Voltemos à pedra.

Você já viu a ponta de uma lança da Idade da Pedra Polida?

- Pois o Homem descobriu que poderia utilizar algumas delas para construir uma poderosa arma. Intuiu, depois poliu, descobriu.

Necessidade de se proteger e atacar uma caça.

Compreendeu e aprendeu que produzir e utilizar instrumentos facilitavam a sobrevivência. Tecnologia ampliando poder à biologia.

Talvez essa ideia tenha surgido por uma grande inspiração, logo que estava acordando, quem sabe?

- Bem, uma Ferrari não nos oferece sobrevivência.

Sim, inventamos muitos supérfluos também, mas, nada existiria sem formarmos antes uma IDEIA.

Continuando!

Você conhece um Diamante?

- Pedra bruta..., polida..., ou diamante, são todos..., "pedras"?

REALIDADES em nossa vida.

Agora!

Qual significado e valor damos a cada realidade que "descobrimos, criamos ou inventamos"?

Qual a SUA verdade?

Qual pedra você prefere?

Ok! - Um diamante é importante, um só não, vários, mas prefiro ter comigo a lança com ponta de pedra polida quando encontrar no caminho quatro pernas "urrando e correndo em minha direção". Não tem encosto, nem assento, apesar das quatro pernas. Não é uma cadeira..., um leão, talvez?

- Não vi direito, estava nervoso, não tinha ideia do que fazer. Corri e nem olhei para trás.

Senti a presença, percebi a intenção, lembrei que não seria bom ficar ali esperando para descobrir o que poderia acontecer.

Portanto, aprendemos agora que ideia é uma representação mental de algo concreto, correto?

- Uma pedra, um leão...

Contudo, ideia também é a representação mental de algo abstrato.

Como uma linda paisagem.

Sim, pense agora em uma paisagem.

Imediatamente surge para você resquícios da memória de muitas delas. Novamente explicando, partes significativas o suficiente para você lembrar que esses locais existiram de alguma maneira em sua vida, em sua história. E ainda existem, estão ali em sua mente – você sabe que devem estar lá fora, onde as vislumbrou pela primeira vez, e as ideias delas permanecem aí, dentro do seu cérebro, na memória.

São REALIDADES que você viveu, ou até não viveu, apenas imaginou.

Uma paisagem contém um conjunto de "coisas" concretas. Um rio, árvores, uma estrada ao longe cortando a montanha. Contudo, o abstrato está no Belo, no Feio, nas qualidades que esses lugares significaram para você. O "outro", de modo diferente de você, vem construindo muitas vezes outra VERDADE, experiências desiguais, vidas distintas. A realidade é uma, a verdade, muitas.

Que significado e valor damos, cada um de nós, a essa realidade abstrata, que se traduzirá em nossas verdades?

- Cada um dá um valor próprio, o que entende, percebe, sente..., imagina e deseja.

Do nada, neste momento aparece para você em sua mente/memória a imagem de um "cavalo alado". Que REALIDADE é essa que nem sequer existe?

- Ou você já viu algum cavalo voando por aí, portando lindas e coloridas asas?

- Ideia também é representação mental de algo "quimérico"..., Imaginação, fantasia, fantástico.

Os monstros na infância de nossa história vagavam à noite debaixo da cama. Emitiam ruído dentro de armários, seres horrendos, criaturas com cores estranhas ou opacas, indiferentes ou disformes, de todos os tamanhos e variedades que permeiam nossa imaginação (nossa verdade).

O início da nossa vida é repleto de seres "desconhecidos". Seriam eles lembranças de uma experiência pré-terrena, antes do nascimento, neste gigantesco universo de incríveis possibilidades?

- Convivemos um dia e eles continuam nos esperando quando voltarmos, após nossa passagem por este mundo?

- Seriam eles apenas resultado de explosões em construções neurais, estas muito mais exigentes e requisitadas no início de nossas vidas?

- Calma, estou apenas provocando sua imaginação. Coloco assim, porque de fato quero te perguntar:

- O que é VERDADE, REALIDADE E INSANIDADE..., em nossas cabeças?

O concreto descansa na memória, afinal, não existe uma pedra na cabeça, mas, ideia de uma; o abstrato, cada um de nós monta e avalia o que sente; o quimérico, uma "viagem" ao abstrato. Sensibilidade, perceptibilidade, conhecimento, imaginação, interpretação de todas as informações que conseguem chegar até nós: consciência *versus* inconsciência.

Escrevi tudo isso até agora para tentar mostrar a você – e a mim – que somos DONOS apenas de uma noção extremamente pequena da Vida. Cada um, uma própria, e montamos apenas uma, OPINIÃO sobre tudo.

Assim vamos pelo mundo "vivendo" a nossa mente, com nosso corpinho aparentemente frágil, mas com um gigantesco poder que quero demonstrar para você, antes do final deste livro. É seu, acredite..., abuse.

Cara, você é..., depois eu te elogio, não vamos perder... o objetivo.

O Cérebro, além de abandonar um mundo de informações, como insisto até agora, ainda completa espaços daquilo que falta para ajudar a montar nossos pensamentos, possibilitando detectar significados até onde perdemos "matéria" concreta. Faz isso para agilizar e economizar energia-glicose-combustível cerebral. O cérebro é sagaz. E às vezes "malvado".

No processo de completar espaços, não raras vezes, inventamos coisas e acreditamos no pensamento construído. Isso por uma série de motivos, principalmente medo, e um curto tempo que permanecemos com um pensamento. Sabe aquela história: de tanto contar/ouvir uma mentira, um dia acaba acreditando nela. É real. Uma criança, às vezes e por motivos pouco revelados, é capaz de criar uma falsa história e colocar alguém em problemas. A justiça sabe disso e psicólogos ajudam a enxergar onde a criança viu algo que existe ou não. Histórias de abusos que não existiram são relativamente frequentes e o direito precisa ter muito cuidado com as interpretações para que um inocente não pague pelo que o cérebro de uma criança criou.

Porém, nesse processo de completar espaços, fazemos isso geralmente para o bem. Apenas para facilitar a lembrança, a percepção, a recepção de objetos na REALIDADE.

Tenta ler aqui:

> NO554 C4B3Ç4 CON53GUE F4Z3R
> CO1545 1MPR35510N4NT35

Não é difícil, verdade?

Completamos, substituímos..., tudo para chegar a um resultado.

E desse modo vamos construindo pela vida um padrão mental, como já destacado, grande parte no modo automático, por meio da memória, um pouco falha, contudo, absolutamente INDIVIDUAL – uma REALIDADE PSÍQUICA – Única.

Você é único.

Quem você ama também.

Capítulo **VII**

REALIDADE PSÍQUICA

A REALIDADE PSÍQUICA é elaborada pelo indivíduo a partir de conteúdos que chegaram, são escolhidos, trabalhados e armazenados na mente, na memória. É a nossa verdade.

Diferentes VERDADES para cada um de nós.

Necessitamos, recebemos e compreendemos uma mínima parte do universo para viver e sobreviver. E, pasme! Ainda assim, apenas com frágeis OPINIÕES, construímos CERTEZAS.

Cada um de nós monta a própria VERDADE, a partir de experiências e interesses.

Gêmeos idênticos, morando na mesma casa, estudando no mesmo colégio, recebendo igual tratamento, tendo as mesmas oportunidades..., são diferentes, desde muito cedo na vida.

Nem todas as vivências são de fato iguais, os cérebros constroem ideias distintas e cada um interpreta o mundo de modo diferente.

Chegamos em um ponto importante do livro:

- Somos todos diferentes!

Bem, você irá pensar, "grande descoberta".

Sim, concordo.

No entanto, somos "iguais" no modo mais básico e natural de funcionar para DESEJAR o que precisamos.

Somos diferentes na maneira que escolhemos para obter ganhos e fugir das perdas, facilmente demonstrados pelo que fazemos, como atuamos todos os dias e por toda a nossa vida.

Iguais no desejo da busca por necessidades e para evitar a dor, diferentes nas maneiras escolhidas para tanto. Muitas vezes exageradas e não bem-vistas por alguns.

Aqui importa muito o aprendizado, valores morais e a ética.

Pelo que foi explicado até aqui, se você entendeu que somos, e porque somos diferentes, pensamos diferente uns dos outros, somos construídos de maneira distinta..., pergunto:

- Por que então queremos, e às vezes até EXIGIMOS, que o outro pense como nós?

POR QUE EXIGIMOS QUE O OUTRO PENSE COMO NÓS?

Será que se compreendêssemos um pouco mais esses aspectos tão caros para a vida discutiríamos tanto e teríamos tantos problemas?

- Na maior parte dos relacionamentos, um lado impõe VERDADES para o outro e "ao outro", só resta reagir.

Goela abaixo!

Assim se origina e se processa a necessidade de MANIPULAÇÃO.

Como definição, manipulação são comportamentos arbitrários com uso de diversos artifícios para conquista de objetivos, com interesses próprios ou de um coletivo específico, em um grupo de "iguais".

Podem ser processos inconscientes para a obtenção de benefícios, necessidades ou evitar problemas, sem ou pouco pensando no prejuízo ao outro, mesmo que em alguma parte até consciente, ainda que sem maldade, apenas por bastante inconsequência. Creio que assim se processe a maioria dos casos de manipulação neste mundo, já que acredito na bondade "de quase todos".

Imaturidade, irresponsabilidade, desconhecimento, ingenuidade.

Mas, alguns podem ter muita intenção e consciência do processo, utilizando estratégias preparadas, planos orquestrados para a obtenção de benefícios, com estratégias do mal, pouco importando o dano provocado.

Imaturidade, loucura, ignorância..., imbecilidade.

Podemos manipular para o bem ou para o mal, no entanto, como conceito usual, trata-se mais esse termo como o emprego de meios para CONTROLE, posse, usurpação de pessoas a fim de alcançar benefícios para um só indivíduo ou para um grupo de pessoas que intenciona posicionar-se de modo dominante em uma ou mais situações.

Acredite. De um ou de outro modo todos agimos assim desde muito cedo para conquistar e manter posições neste mundo, claro que aqui importa o aprendizado de valores e limites.

Pergunto a você: criança manipula?
- Sim!
- Movimenta toda uma inteligência própria em prol do que deseja. Grita, briga, joga-se no chão para conseguir o que quer. Já vi uma criança de colo dar um tapa na cara da mãe.

E você? Já..., viu; deu um tapa; tentou dar?
- Sim, é possível que eu, você... aplicamos ou tivemos vontade, ou não conseguimos oferecer esse "tapa de raiva" em quem mais amamos, e fizemos apenas porque fomos contrariados, quando criança.

Imediatamente foram a nós oferecidos como resposta, e de modo amoroso ou incompreendido, "limites", para que aprendêssemos a maneira correta de conquistar nossos sonhos e desejos.

Isso, em um tempo lá atrás, e durante toda a nossa infância.

Adulto manipula criança?
- "SE você obedecer GANHA presente de Papai Noel".
- "SE você for boazinha VAI para o Céu".

Perceba a construção mental que estamos REALIZANDO no cérebro de nossos filhos – o mesmo que fizeram conosco para que hoje possamos repetir para os rebentos.

Condicional:
- SE fizer isso, ganha aquilo.
SE...? Como assim?
E agora, com uma educação desse jeito, como seremos nos tantos "SEs" que utilizamos sem nem mesmo perceber, enquanto adultos?

> **OBEDEÇO E "SOU CORRETO"**
> **PORQUE "ISSO É O QUE DEVE SER FEITO"**

"SE eu me dedicar a essa empresa posso receber melhor salário".
A meu ver, não.
- Vou me dedicar ao máximo porque é isso que devo fazer.
- Vou obedecer às ordens porque é isso que devo fazer.
- Vou respeitar o outro porque é isso que devo fazer.
- Vou desejar o bem do próximo porque é isso que devo fazer.
Agora o "SE":
- SE com minhas atitudes eu receber melhores salários, for reconhecido entre meus pares e me destacar... que bom.

- SE eu for admirado pela qualidade que OFEREÇO para a minha profissão, atividades e relacionamentos... que maravilha.
- SE eu for para o Céu será o meu destino que irá resolver.
- Um dia estarei à frente de Deus e então vou perguntar:
- "E aí, como eu me saí lá na Terra"?

Acredite nisso:

- Enquanto eu estiver por aqui, darei o melhor em cada área, situação que passar, assim como o melhor do meu amor. Nunca conseguirei ser perfeito, mas dessa maneira diminuo minhas expectativas diante de mim mesmo, ao mundo, aos outros e viverei muito mais feliz.

Não posso exigir perfeição de ninguém.

Que maravilha encontrar cada vez mais pessoas que pensem assim, não seria muito bom?

- Porém, quantos seguem "agredindo" pais, esposa, marido, filhos, professores..., e quem mais encontram pela frente, sempre que são contrariados em suas VERDADES? Aprenderam uma linguagem ruim por uma interpretação tão ruim quanto sobre quase tudo. Imaturos.
- Alguns manipulam apenas porque querem algo material.
- A maioria porque quer e necessita de muito amor.

"Ok! Amor é bom, mas onde está o meu presente?".

Bem, melhor nem continuar perguntando, mas, vamos lá.

Grupos de animais (ir)racionais conhecidos como "sociedades"..., manipulam?

- Esquerda, direita; democratas, republicanos; católicos, evangélicos; cristãos, muçulmanos; corintianos, santistas..., inclua o grupo que quiser, sempre será uma VERDADE em desconstrução, contra outra VERDADE em desconstrução.

Medos primitivos, conceitos equivocados, criam pensamentos e ideologias fortemente postas, sem nenhum pudor, e impostas por uns aos outros, de modo consciente ou não. Sentimentos atemporais, universais, são produzidos sempre, como reação a tudo que for "diferente" do que acredito como VERDADE. Surgem as REALIDADES à nossa volta, sensações como raiva, e os consequentes "tapas na mãe e em todos mais", apenas porque "cruzam à frente do que acreditamos como VERDADE e defendemos com unhas, dentes e todas as armas que estiverem ao nosso alcance". Poderia ser seu pai, sua irmã..., minha filha amada.

Será sempre um pai, irmã, filha..., de alguém que eu machuco por minha insistente ignorância. Por eu insistir em não enxergar.

Ódio racial, político, religioso, forte ira contra todo aquele que me assusta, por não ser como eu – INSANIDADES que produzem guerras, REALIDADES baseadas em MINHAS VERDADES.

VOCÊ ME ASSUSTA POR NÃO SER COMO EU POR SER "DIFERENTE", DESCONHECIDO

Sempre afirmei que "desconhecido" é tão somente aquele que não conheci ainda. Pode ser a melhor pessoa do universo, se eu não lhe der bom-dia, se eu for um covarde, nunca saberei das maravilhas que sua história carrega e dele sempre terei medo.

Um dia meu filho perguntou por que eu cumprimentava as pessoas nas ruas.

- "Pai, você conhece ele"? Meu menininho dizia.

- Agora sim, respondia, é uma pessoa como eu e você. Tem família, pai, mãe, tio..., merece muito amor. Fico feliz ao cumprimentá-lo, meu filho, vamos fazer uma oração por ele?

- Geralmente não olhamos para quem passa ao nosso lado por medo, vergonha ou distração, nas correrias de um mundo que nós mesmos tornamos maluco. Por medo, desviamos o olhar. Vergonha porque nossa autoestima está, muitas vezes, baixa. Distração porque vivemos em um mundo cada vez mais acelerado e não temos tempo para conhecer mais ninguém, muitas vezes, nem quem vive e mora dentro de nossas próprias casas.

GERALMENTE POUCO CONHECEMOS QUEM VIVE COM A GENTE, QUEM AMAMOS

Você já presenciou pais surpresos com a atitude grave e ruim de um filho e eles, absolutamente desorientados, gritarem ao nada:

- "Como pode fazer isso com a sua família?".

- "Onde foi que erramos?".

Muitas vezes apenas damos valor quando perdemos. Isso porque estamos correndo na vida muito mais do que precisamos ou devemos. Às vezes, nem quando paramos somos capazes de ver o que se passa a nossa frente, não aprendemos a olhar, ouvir, sentir. Aquelas frases ali atrás deveriam ter sido PENSADAS antes!

Muitos são os desvios por nossas CERTEZAS e desconhecimento.

Medo infantil de perdas, abandono, dor, sensações reais ou imaginárias que causam muita angústia e, somadas, levam, ao longo do tempo, a uma profunda tristeza ou para o caminho da pior morte que alguém pode sofrer – a morte em vida. É possível mudar tudo isso. Esta é a proposta do Programa SUPERCONSCIÊNCIA/FAMÍLIA DO FUTURO – por meio de muitas REFLEXÕES propositadamente colocadas.

Um paradoxo:

- Por medo lutamos tanto, uns contra os outros, para mudar (os outros). Nem pensamos mudar nossos equívocos.

- Por medo, não mudamos... (os outros também não).

E assim seguimos na INSANIDADE.

Incrível é que o medo existe para nos ajudar a SOBREVIVER. E acaba por "matar" a todos nós, quando não reconhecemos.

CHEGA DE SOFRIMENTO

Como vencer o medo e retomar um melhor significado?

- Confiança!

1. Em Deus – qualquer que seja o seu Deus.
2. No universo, na INSPIRAÇÃO, força de expansão e desenvolvimento. *"Acredite, você foi feito para dar certo"*! Ei, esse tema é de outro livro no qual eu falo sobre "VOCÊ, CIÊNCIA E ESPIRITUALIDADE".
3. No amor, parte de um IMPERATIVO, a maravilhosa ordem do universo, um amor forte, único, maior e infinito, todo seu, exclusivamente seu, existe para e por você.
4. Em si mesmo, no imenso poder que você possui para a vida.
5. No próximo, aquele que cruza seu caminho e carrega no coração as mesmas prerrogativas. Você pode agora escolher cumprimentar sempre quem estiver na mesma rua, ambos seguindo grandes destinos, mesmo que às vezes em sentidos opostos.
6. Na vida, que você experimenta, aprende e ensina. Ela lhe foi dada após muita luta, para a humanidade sobreviver e conquistar. Creia

não foi fácil o caminho até você chegar aqui. Tudo que teve, tem e terá que enfrentar preenchem milhares de livros, fazem parte da sua história, e desse que você escreve hoje. Mas, agora está segurando este livro aqui, lendo, respirando, vivendo; você não é quimérico apesar de que muitas vezes é legal "ser uma imaginação", porém, você não é abstração... Você é muita VERDADE e total REALIDADE. Não precisa "ser e viver" INSANIDADE.

Nem minha mãe precisou viver tantas loucuras mesmo que um dia tenha recebido um tapa (da própria mãe, sempre por ignorância e ilusão, quando um dia, lá atrás, foi "pega" sendo beijada por meu pai, ainda namorados e no portão de casa. E também meu, mais tarde, pela mais pura imaturidade minha em seu colo, por recusar dar-me um simples brinquedo). Apesar de tudo, ela sempre entregou o melhor possível dela mesma. Até a Mãe Terra apanha todos os dias graças ao nosso descaso pueril, ainda assim, permanece oferecendo, permitindo e sustentando vida, fé e dignidade.

O universo inspira, expira e transpira amor, vida..., e ainda guarda profunda e infinita esperança em todos nós.

Acredite, eu, você, nós dois também entregamos o nosso possível.

Você, que lê estas frases, é também muito importante para mim.

Para vencermos juntos o medo, a dor e a insanidade, além da confiança, precisamos sempre pensar em persistência, persistência, persistência, persistência, persis...

Porque a construção psíquica da nossa mente não acontece do dia para noite, sem gasto de energia e intenção. Leva uma vida inteira, a sua maravilhosa vida, de muito aprendizado.

> **NUNCA DESISTA DE LUTAR PELA CONSTRUÇÃO MAIOR DA INTELIGÊNCIA**

Capítulo **VIII**

CONHECIMENTO

Por fim, ainda não se bastando..., CONHECIMENTO.

Se é possível sofrer devido às realidades psíquicas que, por tantos equívocos, desinteresse e desinformação, podem trazer problemas, a boa notícia: nos é permitido redirecionar as "velas náuticas mentais" e chegarmos a novos portos no imenso oceano da eternidade.

Podemos mais concretamente redesenhar as construções neurais, obter novas ligações sinápticas – novos diálogos entre neurônios –, aperfeiçoar avenidas de comunicação cerebral para que as informações, as quais temos acesso no mundo, possam trafegar em segurança. Pensar diferente, conhecer diferente, agir diferente..., viver melhor.

O cérebro é plástico, mutável, isso se você desejar imprimir força suficiente na confiança, persistência e em novos conhecimentos. Lembre-se que criar novas avenidas ao lado das que já possui, exige esforço. Mas valerá a pena. Abrir caminhos a pique, com facão, enxada, escavar, pavimentar com materiais de primeira qualidade, iluminar melhor o novo percurso sempre demanda vontade, tempo e energia. Conte para seu cérebro inconsciente, peça inspiração ao Universo, retribua o amor que recebe, peça perdão por tudo, perdoe do mesmo modo e, por fim, agradeça a cada instante, cada fato da vida... e torne isso um hábito.

Você não imagina o poder que essa sequência de ideias possui.

Então, anote aí em sua memória. É fundamental:

- Duvide de você mesmo. Das suas verdades – da sua realidade psíquica em ação, por vezes insanidade que não nos damos conta.

Depois de duvidar, criticar, mantenha o que for bom, mas, acredite, é real, no mundo existe também "cadeiras com apenas um pé", e são cadeiras, por mais que você não pensasse que eram.

Apenas outra VERDADE, REALIDADE.

Não um quimérico e fantástico Saci, e esse não é INSANIDADE..., ainda que seja bela fantasia e, ao mesmo tempo, realidade.

> **SEMPRE DUVIDE, QUESTIONE, CRITIQUE TUDO O QUE APRENDEU ATÉ HOJE**

Então, se aceitamos compreender a manipulação do outro, o que dizer da nossa própria, a que utilizamos diariamente por interesse, principalmente, para enganar a nós mesmos?

- Muitas vezes manipulamos a nós mesmos. Sim, somos zumbis de nossos cérebros.

Será que o cérebro é uma força oculta alienígena que utiliza nosso corpo para conquistar o que deseja na vida desse planeta?

Ai, meu Deus.

- Nosso cérebro então não é nosso, mas, é um ser que se implantou em nós e nos direciona a seu bel prazer e recompensa?

Um parasita?

- O inconsciente é de Marte, o consciente de Vênus?

- Risos, muitos, permita-me "viajar", brincar com coisa séria, mas brincar nessa loucura deliciosa que é pensar, imaginar, fantasiar, criar...

O problema não é fazermos isso, nos divertir com nossas VERDADES, mas, o que faremos com todas essas bem-vindas qualidades humanas (ou não humanas... ai, ai).

Manipular.

Perdão, não vou mais assustar ninguém sobre cérebros extraterrestres, vamos direto ao que interessa agora e os porquês da minha infame e ridícula "brincadeira":

- Manipulação do outro ou de si mesmo é arma ridícula, infantil.

Criança aprende a manipular mãe, irmãos, colegas na escola, professora..., tudo, e sempre, para conseguir o que quer. É fase normal de aprendizado e em uma comunidade sensata há necessidade de receber limites, os valores e a atenção para uma vida em Sociedade e Relação.

Contudo, automanipulação é terrível especialidade da imaturidade. Tentamos muitas vezes enganar a nós mesmos inventando grandes desculpas e, pior, muitas vezes acreditando nelas.

Há uma região em nosso cérebro qualificada como área do prazer e da recompensa. Ela sente, percebe, conhece, interpreta carências e constrói uma ideia de como obter prazer, que há coisas boas no mundo e "QUE EU PRECISO DELAS PARA SOBREVIVER" – senão vou morrer.

Então, tiro do outro ou até de mim mesmo.

Como assim, de mim?

- Sabotamo-nos para conseguir aquele pedaço de pizza.

- Nada mais do que NECESSIDADES plenamente humanas, estratégias para conseguirmos recompensa: alimento – energia e material para nossa "construção"; libido – para "crescer e multiplicar"; lugares protegidos para descansar... etc. Superar carências.

Manipulamos e justificamos tudo a nossa volta apenas e tão somente por uma estratégia cerebral de sobrevivência. Um comportamento mental esperado, de certo modo até desejado, NA INFÂNCIA.

Com o crescimento e o avançar da idade, as relações sociais tornam-se cada vez mais pujantes, numerosas, complexas e encontramos muitos outros manipuladores em nosso caminho. Amigos, professores, colegas de trabalho, chefes..., nossos pais.

Socializamos com quem "caminhamos juntos" para aprender a viver em comunidade, descobrindo também como se relacionar com outros desejos, interesses.

Podemos crescer, ressignificar essas relações ou... estagnar.

"Relacionar-se com o outro", de modo sadio, significa encontrar um equilíbrio ideal do prazer e recompensa para ambos; muita inteligência para alcançarmos prazer e recompensas ainda maiores, para todos.

O produto resultado da convivência pode e deve ser maior que a soma dos nossos interesses e esforços individuais, pois, caçamos melhor, juntos, e desse modo voltamos em um maior número de indivíduos em segurança para casa. Protegemo-nos melhor, como um coletivo de valor vagando por toda a Terra, desde o início da saga humana.

Caminhar acompanhados aumenta a possibilidade de vencer.

Pelo estado do planeta e da nossa civilização tenho dúvidas se vencemos, mas, sim, dominamos, porque criamos importantes significados.

Precisamos aprender a vencer com todas as outras formas vivas e não vivas, nossos companheiros na Terra. "Viajei" mais uma vez..., eu sei, mas, no entanto, é minha verdade, compreenda.

A busca do prazer faz parte da biologia positiva, no entanto, inteligência é PERCEBER que TUDO leva a consequências, portanto, o que é prazer e recompensa hoje, pode ser sofrimento, dor e morte amanhã. Apenas como exemplo, dívidas que não precisávamos contrair são muito frequentes "entre nós". O prazer imediato ou mesmo mediato se torna desilusão – sim, perda da ilusão (uma verdade que era mentira).

Somos indivíduos e coletivo ao mesmo tempo, não podemos querer o mundo apenas de modo unidirecional. Formamos grupos com pessoas que demonstram algum interesse comum.

No passado para caçar, coletar e, dessa maneira, sobreviver. Hoje, pertencemos a clubes, torcidas, gangues..., na raiz cerebral também para aumentar chances de... (sempre) sobreviver.

Todos ali diferentes, porém, com pontos de interesse semelhantes, ainda que sócios para "manipulação" maior ou menor, de si mesmos, do grupo, e de terceiros, em acordo com os objetivos daquela união.

Não me interprete mal. Não há apenas maldade no mundo, quero deixar claro o fator primitivo cerebral, muito mais inconsciente em todas as nossas histórias.

Pensamos e tomamos decisões de modo consciente, como entrar e pertencer a um determinado grupo, realizar uma compra, porém, muitas são forças inconscientes que nos fazem realizar aquela escolha.

Talvez daí nos aproximamos de alguns e não de outros, aos quais até evitamos e prontamente passamos a defender nossos "pares" contra quaisquer "outros" que nem conheçamos, mas, criamos e mantemos muitas expectativas. Fortemente acusamos, criticamos nossos "opositores", pessoas iguais a nós e que poderiam ser nossos melhores amigos.

Manipulamos, mais uma vez.

Nosso primitivo é capaz de matar ou morrer pelo que "acredita" ser VERDADE.

Para encontrar equilíbrio, precisamos aprender a dominar e trabalhar com essas forças, COLOCÁ-LAS A NOSSO FAVOR.

> QUE TAL TER O UNIVERSO A SEU FAVOR?

Manipular pelo bem.

Quem de nós é capaz de conviver, tornar-se amigo de TODOS?

- Urge aprender a controlar (domar), quem "determina" nossas vidas.

Nosso cérebro, extremamente eficiente nesse quesito, tem a única intenção de nos proteger, cuidar, sobreviver, porém, ele não pode ficar "solto por aí". É um bobalhão, caso seja deixado sem rédeas.

Vejamos um pouco mais sobre automanipulação avaliando a seguinte afirmação:

- "Você é a favor da liberação da maconha".

Seu cérebro imediatamente encontra as respostas que você deseja e precisa para "conquistar e provar" sua VERDADE:

- Não dá nada! (minimizamos os riscos do que queremos).
- Tem coisa pior (comparamos com coisas piores para "aliviar o que defendemos")!
- Paro quando quiser (parar por que, se não dá nada?)!
- Todo mundo usa (diminuímos a "culpa" quando outros também...)!
- É medicinal, e se assim é bem-vista, faz bem (mentimos o tempo todo, até que alguns acreditam em uma comparação absurda, mas inteligente – o cérebro do mal é top no que faz).

Pode completar essa lista com o que mais lhe vier à cabeça, se você é a favor, acredite, sempre vem ideias fantásticas manipuladoras. Somos muito inteligentes para defender nossas fragilidades e refutar a força dos outros, os diferentes, os... horríveis.

Aghff!

Nooojinho!

Se você é contra a liberação das drogas, seu cérebro imediatamente gira 180 graus e começa a bombardear seus pensamentos, ideias, interpretações, com todas as justificativas contrárias ao "agressor":

- Droga mata (só se usada de modo errado – carros também matam). Não estou defendendo as drogas, sou contra, mas para defender meu ponto de vista preciso ser correto (para "vencer" de modo inteligente e não me tornando outro manipulador). E COMO SOU DONO DA VERDADE, JUSTIFICA-SE A MINHA MANIPULAÇÃO – PELO BEM! Triste isso. Liberar as drogas é uma péssima escolha, sim, mas não posso me tornar um "delinquente de palavras".
- Porta de entrada para diversas químicas mais pesadas (sim, mas apenas em determinadas condições psíquicas do indivíduo ou, e prin-

cipalmente, se acompanhadas de álcool, este que retira da gente "os freios" da responsabilidade).

- Destruidora de famílias (verdade, "se as duas anteriores estiverem corretas" – se realizarem).
- Coisa de quem tem personalidade fraca (preconceito).
- Dá câncer, ainda mais que cigarro (...ou tanto quanto).
- O mundo vai acabar (pior que a droga é a imaturidade que leva a ela e a tantas outras "coisas ruins" da vida).

Vá lá, complete com o que mais ajuda a automanipular – e manipular qualquer um à sua frente.

Eu sei, eu sei..., eu nem precisava pedir.

As pessoas leem sorrindo o que concordam e fazem caretas quando leem (ou veem ou sentem) – aquilo que discordam (independente da VERDADE).

Neste livro você já deve ter feito isso algumas vezes. Já o jogou longe..., depois por curiosidade tornou a pegá-lo. Uns param e nem chegaram até aqui. Difícil "ler" o que não gostamos ou concordamos.

Emoções como raiva e medo são sinais importantes para policiarmos a nós mesmos e crescer – tratarei melhor disso mais adiante, quando falar com você sobre nossas cicatrizes na alma.

Não quero afirmar nem defender um lado ou outro, quanto a ideia de descriminalização, o que deixará livre o uso da maconha. Saiba que sou radicalmente contra a liberação de qualquer droga, e minhas justificativas "manipuladoras" caberão em outro livro, não mais aqui.

Contudo, agora quero apenas mostrar que somos medíocres em nossas infantilidades. Às vezes, incapazes de meditar sobre o que realmente é bom e melhor para mim, para o outro, para o grupo, para a sociedade. Desde que me interesse, o resto que se..., exploda.

Não está convencido ainda?

Tente emagrecer e observe seu cérebro querendo provar que você não precisa, que pode deixar para depois, que você está saudável, que "não dá nada", ao contrário, você pode... abrir a geladeira..., enquanto outro lado, o anjo dentro de você, implora para fugirem rapidamente dali.

E você geralmente perde para a área cerebral do prazer.

É ou não é um "alien" esse "filho da mãe" do nosso cérebro?

- Quem deveria vencer?

- Não responda agora, vencerá o seu lado mais forte, aquele que você dará mais alimento, força e importância..., contam muitos ensinamentos por aí.

Filosofia que discordo e ainda explico por que enquanto afirmo:

- "Alimente os dois lados", no entanto, assuma o comando do que for melhor para você a cada momento, afinal, "você domina as feras" e todos nós precisamos da Bela e da Fera, dentro de nosso eu.

Entendeu agora o por que "amadurecer" vale a pena?

Mais um exemplo para você:

- Tenta não comprar o carro que você viu na propaganda..., depois de saborear a imagem dele no cinema, dirigido por aquele ator "*bunitão*", acompanhado pela mulher mais linda e "*photoshop'ada*" da Terra.

Você sabe que não tem dinheiro suficiente para pagar.

- "Ah..., financia", seu primitivo afirma imediatamente. Empresta do tio, avô – porque do pai não dá mais, já tirou muito. Mas, talvez possa pegar mais um "pouquinho" dele. Nosso cérebro imediatamente impõe diminutivos e usa verbos como "pegar", mas, *light* do que roubar, ludibriar, enganar..., manipular.

Dá talvez para desviar um "dinheirinho" da empresa; da família...,

Ué..., não era para levar a família para passear com o carro novo?

- Não. É para dar prazer a si mesmo, comprar o afeto que está faltando em todas as áreas da vida. Aquele carinho que sumiu desde a infância, desapareceu junto com os... limites (que deveriam ser maiores).

É para se sentir amado, importante, capaz..., alfa (não consigo escrever macho-alfa aqui).

De alguma maneira, o mundo e as relações fazem a gente se sentir como um grande nada. Nossa autoestima vai ao chão e acreditamos que só seremos felizes e amados se..., se..., se..., ..., ..., ..., "póft". PENSE.

Forças primitivas de sobrevivência, importantíssimas na selva. Nada mais que isso, sempre benignas e positivas, sempre para sobreviver. Todos esses movimentos visam ao bem de quem USA A CABEÇA.

O problema é que não pensamos, nem sentimos direito.

Precisamos "olhar" os outros, cuidar dos outros, respeitar. Interpretamos mal nossas defesas em sociedade e colhemos consequências malignas para todos, até para nosso Planeta. Somos acelerados, equivocados, tolos, medíocres e, às vezes, vazios diante das verdadeiras necessidades humanas.

No lugar do carro, desejado ali atrás, escreva um apartamento novo, maior, uma casa na praia, aquela viagem ao redor do mundo. Nada errado se for importante para você, não se endividar para comprar, nem prejudicar alguém. Retornando ao carro, apenas para um exemplo, um novo sai da concessionária e assim que toca o piso da rua vale em média 20% menos, ainda é preciso contar os custos de manutenção e outros tantos embutidos que muitas vezes nem conhecemos (mas os economistas sabem bem, como o custo de oportunidade) e até o IPTU que você paga para ter uma garagem, onde terá que guardar o carro. Sempre se perde dinheiro com "carros", mas o vendedor tenta manipular você com todas as armas possíveis já inventadas pelo *marketing*, inclusive afirmando que é um "investimento". O que nunca será.

É verdade! Você adulto (e maduro) pode (e deve) argumentar que quer ter um bom carro, reconhece os custos, é capaz de arcar com eles, mesmo sabendo da desvalorização e todos os custos, e assume "o preço a pagar" já que vê como é importante ter um carro seguro (e por que não, lindão?). Toda essa minha conversa é exatamente para isso: Você escolhe, auxiliado pelas emoções, e não as emoções escolhem por você.

> **AS EMOÇÕES AJUDAM,**
> **MAS A ESCOLHA DEVERÁ SER SEMPRE "SUA"**

Para não ficar escondido em uma nota de rodapé (que nunca é lida) vou explicar aqui e de um modo bem "simplificado": custo de oportunidade é tudo o que você iria ganhar com a aplicação do dinheiro em um investimento, ou uma compra rentável, e não irá mais ganhar porque torrou o seu rico dinheiro em outra coisa. Sempre é preciso "pôr na conta".

Somos seres predominantemente "Imaturos". Precisamos urgente crescer, equilibrar a mente, contar algo melhor para ela, acalmar, parar, respirar. Podem existir milhares de "necessidades" em nossas vidas (às vezes urgentes – "Vou morrer se não comprar!"). Faça uma lista aqui: uma viagem, uma roupa nova, um equipamento novo de...

"Gente. Vocês viram o novo lançamento da...?"

Maturidade é passar por todas essas "coisas" que vem à mente e AVALIAR cada uma delas com novos significados.

RESSIGNIFICAR.

Não vou defender que precisamos regredir e nos tornar novamente caçadores-coletores, isso seria ridículo, e hoje eu não ficaria nada bem na roupa neandertal. Contudo, qual o preço a pagar por essas "coisas" da atualidade? Custo financeiro e emocional.

- Também quero "coisas" que me deem prazer e recompensa, mas não vejo maior recompensa e prazer do que o EQUILÍBRIO.

Entre mim e o mundo, meu grupo, minha família, eu mesmo.

Vamos esvaziar nossas mentes ansiosas, aliviar a carga das falsas necessidades, essas que pesadamente carregamos. Precisamos vencer o *marketing* e adquirir apenas o que, de fato, necessitamos.

Não desfaça suas vontades e desejos, apenas reflita SEMPRE:

- Quer, pode, precisa (mesmo)...?
- Vai fundo e divirta-se.

Porém, na maioria das veze é apenas INSANIDADE.

A gente "se convence" da importância do último lançamento de qualquer coisa, então compra, faz enorme dívida, imediatamente justificada por nossa mente, claro, e chegamos em casa também explicando para todos o porquê compramos.

Bem, atualmente nem é preciso justificar muito, pois todos em casa já estão na mesma ilusão, com aparelhos novos, carros novos, roupas novas, "coisas" novas.

Curiosidade:

- Somos enganados por nossa "mente". Sim, ela "mente" para nós.

Apenas uma brincadeira. De mau gosto, concordo, porque nossa mente é fantástica. Basta ler as instruções nela e tudo ficará bem.

Outra brincadeira de mau gosto.

Isso é saudável?

- Manipulação minha, sobre você.

Agindo de modo impensado aumentamos nossa angústia interna, porque sabemos, lá no fundo do nosso teatro mental, que há algo errado em nós.

Mas as forças contrárias são tremendas.

São mesmo..., ou nós é que "estamos" fracos?

- O *marketing* se aproveita muito disso.

Somos escravos e não damos muita importância, até gostamos de servir ao mundo e a todos que, de modo semelhante, também são fracos e escravos da ganância de outros. Esses que usam muito bem a inteligência e, às vezes, genial metodologia para a manipulação, geralmente imoral. No entanto, por mais manipuladores que sejam, também são manipulados por tantos dilemas de um mesmo mundo cão.

Acredito que não somos verdadeiramente fracos, apenas interpretamo-nos fracos, assim treinados por essa sociedade, e desde muito cedo. Estamos, sim, fracos de ideias e interpretações de tudo o que sentimos e percebemos da vida, desde que nascemos, até hoje.

Precisamos aprender a lutar judô "contra o nosso próprio cérebro" sabotador, para aprender também a superar o cérebro de outros que, do mesmo modo, estão presos a esse sistema manipulador. Isto é, devemos usar força mental, treinada por bons pensamentos, contra as emoções nossas e a do outro, para derrubar a ambos nesse jogo de emoções.

Ensinemos ao nosso cérebro que ele não precisa mais chorar na frente de uma loja, de uma geladeira, de um cardápio, ou da mamãe. Para não chorar muito mais, depois, na agonia infinita de ver a família machucada ou destruída por causa de dívidas, drogas lícitas e ilícitas, violência..., por aquilo que era para ser só muita alegria, diversão..., recreação.

Cara, divertido é ser dono de seu próprio destino.

Isso sim é passar a vida em recreação, recriação, ressignificação, renovação.

> **NÃO PRECISAMOS DE ANTIDEPRESSIVOS E ANSIOLÍTICOS, PRECISAMOS APRENDER A CONFIAR, PERSISTIR E A LUTAR (judô) POR AMOR E MATURIDADE**

Capítulo **IX**

Historinhas de Manipulação

Descrevo a partir daqui, e de modo superficial, alguns fatos históricos para nossa observação sobre manipulação. Em nenhum momento quero tocar em posições, julgamentos e análises políticas, mas, algo que achei bastante interessante e vou contar para você. Seria este mais um caso mundial de manipulação com muitas, variadas e possíveis VERDADES, REALIDADES, e um bocado de INSANIDADES (como tantos fatos da vida)? Insisto, pela importância do livro, por respeito a você e ao que você pensa, não vamos falar de política, ok? Estando de acordo, siga com coragem.

Permita-me fazer esta pergunta:

"*Do you love Cuba*"?

- O que você pensa sobre o personagem histórico Fidel Castro?

- Amou, odiou ou nem conhece?

- Independentemente do que você e eu conhecemos, há condições para muitas VERDADES SOBRE UMA REALIDADE que se tornou absolutamente INSANA, para os dias atuais. O que nos faz pensar que sempre é preciso olhar para um fato histórico no momento que ele ocorre (como se estivéssemos lá) para compreender um pouco melhor sobre ele.

Hoje, esquecendo-se de "como foram alguns fatos no passado", fica mais "fácil" (e incorreto) julgar. Com diversos graus de aceitação ou repúdio, cada um pensa, avalia, comenta, escreve o que quer.

Se eu gritasse aqui "I LOVE FIDEL" (que não é o caso), muitos, imediatamente, parariam de ler este livro e não confiariam em mais nada que eu escreva ou pense. Outros irão aplaudir (alguns em pé).

Pesquisando diversas fontes em uma delas encontrei um texto iniciando mais ou menos assim, sobre Fidel Castro: "Político revolucionário cubano nacionalista, ditador marxista-leninista...". A partir daí seguia com todo um envolvimento com a União Soviética – URSS (realidade de uma época específica) e o resto dessa complexa história que durou quase sessenta anos.

Vamos lá.

Em estudos de História não se pode olhar para uma REALIDADE pontual, um fato isolado fora dos contextos de local e época, e desejar enxergar algo próximo da VERDADE (leia este parágrafo mais de uma vez).

Fatos devem ser avaliados com as diversas influências, não apenas locais, mas, oriundas de todo planeta, e por "pelo menos 200 anos" antes e depois do evento ocorrido, para que possamos nos aproximar ao máximo da VERDADE, que deu vida àquela REALIDADE.

Historiadores chamam a isso Tempo Estrutural, o que permite noções e interpretações mais cuidadosas, com maior chance de veracidade.

Sim, no mínimo 200 anos.

Minha pretensão:

- Demonstrar que olhando para "poucos anos", em qualquer acontecimento, faz muita diferença nas "falas dos interessados no assunto", permitindo a eles todo tipo de manipulação.

Usarei o exemplo dessa parte da história de Cuba e Fidel Castro, pois a morte desse "herói" para alguns, criminoso e "assassino" para outros, está hoje, enquanto escrevo este livro, nos noticiários, em todo o mundo, e observei um detalhe (omitido) que me chamou muito a atenção.

No vitorioso ataque contra Fulgêncio Batista, até então governante da Ilha de Cuba, Fidel, o irmão Raul Castro, Che Guevara e um pequeno grupo de loucos fizeram algo que parecia impossível à época. Por isso, loucos.

Com menos de uma centena de homens simples e fracamente armados, contra um exército composto por milhares de soldados treinados, conseguiram (ao longo de um tempo) alcançar a vitória que dura até hoje.

Fidel deveria ter um bom motivo para desejar assumir o poder na ilha, e parece que sim, até você irá concordar.

Vamos então alguns poucos anos antes dessa invasão, para contar, entre tantos dados, algo que muitos livros, não sei se propositadamente, não citam ou o fazem de modo bem superficial.

Fatos históricos:

- Cuba vivia sob domínio e arbítrio de um forte Ditador chamado Fulgêncio Batista, desde 1933 até 1959, quando este foi finalmente derrubado pelo grupo de Fidel, após violentos combates (e muita sorte).

- Naquele período prévio a Fidel e sob o comando de Fulgêncio, Cuba havia se tornado prostíbulo do Caribe. Pairava um grande interesse por parte do governo dos Estados Unidos na ilha, políticos e empresários sob controle da máfia americana, que dominavam cassinos, jogos, drogas e uma grande prostituição.

- Uma classe média se beneficiava dessa situação extrema, vexatória, com poderosos investidores envolvidos de maneira ativa ou passiva, em diversos tipos de atividades, muitas delas criminosas.

- A população extremamente empobrecida olhava agoniada, sem esperança, não sabendo o que fazer, sem poder reagir.

- Fidel nasceu em Cuba, filho de um grande fazendeiro, com boa situação financeira. Quando jovem, foi atleta de destaque, formou-se em direito e nunca aceitou a REALIDADE, na qual vivia grande parte população, assim como o destino humilhante que era imposto ao país.

- Num primeiro momento, e revoltado com tudo aquilo, armou-se, organizou um pequeno grupo de camponeses, tentou tomar o poder pela força e fracassou.

- Preso, foi condenado a cumprir pena por muitos anos e livrou-se de uma execução que era certa, por sorte e também algumas influências.

- Solto, após algum tempo, foi para o México, onde conheceu Che Guevara e outros destacados personagens dessa história toda.

- Reorganizaram as forças e, em uma viagem repleta de desafios, Fidel retornou mais preparado a Cuba, onde após alguns meses conseguiu vencer o que parecia impossível, ainda com a ajuda dos camponeses pobres e desesperados. Nesta situação não era difícil ser visto como o herói libertador daquele povo sofrido.

- Para ampliar ainda mais esse "mito do herói", no poder, Fidel rapidamente montou uma estratégia para o bem da população. Ofereceu melhores condições de saúde a todos, em pouco tempo erradicou o analfabetismo e realizou uma reforma agrária, "*distribuindo terras para os sofridos camponeses*", muitos daqueles que o ajudaram na conquista. Fatos históricos pouco falados (manipulados?):

- Agora, um choque: Fidel não era comunista, "comunismo não distribui terras", e sonhava com o pleno desenvolvimento do país. Para tanto, precisava de dinheiro a fim de efetivar as reformas. Sendo assim, foi aos Estados Unidos pedir ajuda a Dwight Eisenhower, então presidente.

- Suas demandas foram fortemente negadas, e ainda restou imposto um embargo comercial dos EUA e aliados contra a Ilha de Cuba.

- Ele, Fidel, socialista (não comunista), lutando pelo país, viu-se frustrado, contudo, com mais energia ainda, para vencer com o ideal que nunca abandonou.

- Sem opção, Fidel aceitou o convite de Nikita Khrushchov, então comandante maior da União Soviética.

- A URSS tinha grande interesse naquela região, apenas a 160km da Flórida. A partir de Cuba seria capaz de afrontar os Estados Unidos e impor o comunismo aos demais países do ocidente.

ATENÇÃO para as minhas colocações:

- Fidel não era comunista, mas, socialista. No entanto, por questões da história foi levado (forçado) a acreditar em uma gigantesca e REAL POTÊNCIA daquela época – URSS, para superar e sobreviver ao bloqueio comercial imposto unilateralmente contra Cuba, pelos Estados Unidos da América e aliados. Você, eu..., faríamos o quê?

- Sei lá, precisaríamos viver na pele de Fidel para saber, calçar as "botinas" de guerrilheiro, dele.

RESPEITO, é também colocar-se no lugar do outro.

MATURIDADE, é colocar-se no lugar de quem quer que seja. Mesmo que, para mim e tantos outros, seja a figura mais execrada.

Reforço: não estou defendendo Fidel e todo o mal que aconteceu a partir dali. Agora, preste muita (muita) atenção (interessante observação):

- A derrocada de Fulgêncio Batista aconteceu em 1959. O partido Comunista em Cuba foi fundado somente em 1961. O que aconteceu nesse intervalo de dois anos que quase ninguém descreve. Se Fidel fosse de fato comunista, o partido estaria fundado logo no primeiro dia da tomada de Cuba. É ilógico esperar dois anos para "virar comunista se já é".

Manipulação – de todos os lados?

- Penso que naquela situação "até eu" me tornaria comunista.

- Após a criação do Partido em Cuba, o governo da Ilha tomou de volta as terras dos camponeses, para seguir ideais Marxistas.

- Com a morte de Fidel, a maioria da população cubana que deixou o país e vive hoje nos Estados Unidos comemorou e muito. Lembra-se da população de classe média que tinha certas vantagens com o regime de Fulgêncio Batista + Máfia +...?

- Pois é! Naqueles "primeiros momentos" fugiram para a América.

- Em Cuba, com a morte de Fidel, milhares de homens, mulheres e crianças acompanharam o cortejo fúnebre de um homem que se tornou governante, ditador, ídolo, amado por muitos, odiado por outros, e cada um com uma VERDADE própria guardada no bolso.

Cada um com uma REALIDADE PSÍQUICA.

- Muitos mortos por fuzilamento no *paredón*, por INSANIDADE.

Insanidade de todos nós.

- As crianças não carregam mais armas pela ilha, no entanto, portam fotos visitando e sorrindo, acarinhadas pelo "avô" amado, Fidel.

- O Papa Francisco visitou a Ilha e reverenciou Fidel com profundo respeito a uma história de assassinatos, loucura, morte, e uma visão de resgate da honra para um povo sofrido. Não estou também julgando o Papa, o Francisco homem. Apenas citando mais um fato.

Alguns gritam aqui imediatamente:

- "Papa comunista!".

E eu pergunto:

- "Você vestiu as sandálias dele"?

O que quero deixar claro aqui é que uma história possível é sempre construída no grande teatro da vida, por um sem-número de atores e atos, nunca, por um só homem, uma narrativa e uma direção. Morre o símbolo de uma época e permanecem vivas centenas de "diferentes histórias" escritas e documentadas. Seriam elas todas verdadeiras? Só existe o diabo no lado que não me agrada?

- Cada um percebe e aceita AQUELA QUE MAIS CONVÉM.

O positivismo, mais uma vez sem julgamentos, apenas constatação dos fatos, escreve a história com o olhar do lado dos vencedores, daqueles considerados heróis. Mas, pergunto a você, e se a mesma história fosse contada pelos perdedores, por pessoas nas ruas que viveram e sofreram "aqueles dias"? Seria a mesma história escrita em nossos livros (de conhecimento)?

- Rever e ampliar este nosso padrão (mental) é uma questão de "maturidade, consequência e sanidade".

Precisamos compreender múltiplos interesses, todas as maneiras de manipulação pueril, saber que existem várias e possíveis VERDADES E REALIDADES.

Um dia, há pouco mais de dois mil anos, A VERDADE disse:
- "Não julgue".

Manipulação, além de imaturidade, é falta de um bom caráter, assim como não querer olhar para outras VERDADES – para os outros.

Pelo bem ou pelo mal, nunca conseguiremos avaliar todas as consequências de nossos atos, muito menos das pessoas. Interessante é que construímos realidade, passo a passo, dia após dia, intencional ou não, como já afirmei, grande parte conduzida de modo inconsciente, enquanto nosso cérebro trabalha com a memória das informações, que vem acumulando ao longo da nossa história, de interesses e necessidades.

Levados pelo inconsciente, partimos para ação, geralmente acreditando que somos "conscientes", donos das nossas escolhas, mas, na maioria das vezes, somos fantoches de nossas memórias (esta é forte).

Agora, tome qualquer fato histórico e divirta-se observando "mais de perto" TODOS OS LADOS. Acredite, esse é um exercício que nos preparará para FATOS simples (e não tão simples) em nosso dia a dia. Decisões comuns como: onde almoçar no domingo; onde passar as férias ou Natal em Família; trocar de carro ou a velha geladeira (ambos com apenas dois anos de uso), e avalie como cada envolvido nessa trama manipula interesses, geralmente sem maldade, porém, movimentos pouco ou inconscientes que, para nossa maior maturidade, exigem ser trazidos para a consciência.

Sim, existem interesses na sociedade: liberação ou não das drogas; descriminalização do aborto; cerveja nos estádios de futebol...

Em qual lado nos posicionamos? Por quê? Para quê?

Qual a "história por trás das nossas escolhas"?

Pare para pensar:

- Olhamos, mais para os desejos do que para as causas que nos fazem escolher e agir de uma ou de outra maneira. Quase nunca, para as consequências.

Somos responsáveis por não pensarmos por nós mesmos.

E por "esquecermos" as reais necessidades e verdades do "outro".

Nossos colegas de escola, trabalho, vizinhos, amigos, até mesmo os filhos, a esposa o marido, todos companheiros de tão caro respeito, compreensão e amor.

Ufa!

Pesado, não é mesmo?

- Mas há um motivo bem legal para "colocar tudo isso na mesa".

Consciente, você será sempre mais feliz.

Lembre-se sempre:

Vigiar..., e orar – faz bem.

Viva o que merece.

Capítulo **X**

SOMANDO DIFERENÇAS

Sensibilidade, percepção, conhecimento, ideia e interpretação são diferenças que produzem VERDADES e REALIDADES.

Muitas vezes, como mostrei até aqui, INSANIDADES.

Construímos nossas verdades ao longo da vida e as modificamos quando inspirados e motivados para tal. Mudamos quando descobrimos que "é bom" para nós e para todos. Para alcançar esta grande e difícil vitória, "ser capaz de mudar a si mesmo", o que se pensa, é fundamental. É preciso demonstrar ao nosso cérebro que o benefício será real. Há uma imensa vantagem em mudar. É "um grande legal" ceder (para si mesmo). Ou, seguiremos de modo imaturo (infantil) brigando com esposa, marido, filhos, sogro, sogra, amigos, colegas..., desconhecidos, "empurrando" para cima deles nossas RÍGIDAS certezas e recebendo deles outras RÍGIDAS "verdades".

Tudo isso é causa de grande sofrimento e ninguém deseja viver assim, porém, às vezes apenas não sabe o que fazer, o que mudar. Nem sabe que se pode mudar.

Perceba que o problema não está nas certezas e verdades de cada um (que importam existir, imagine viver sem certezas – impossível), mas, na "rigidez". Essa atitude tacanha (e medrosa, por diversos motivos) é o que torna nossa realidade insana.

Não há nenhum problema que tenhamos verdades diferentes entre nós, desde que respeitemos uns aos outros e estejamos abertos a outras verdades – "aprender" sobre elas nos faz crescer (em paz e feliz).

São tantas experiências que torna fascinante aprender a história de vida do outro, o que ele pensa e deseja, o que vivenciou em um caminho, este que nunca (nunca) será o nosso.

Que oportunidade maravilhosa para ampliar nosso repertório, enriquecer pensamentos a cada relacionamento na convivência com "o outro", nosso companheiro de travessia nesta vida. Confiança, persistência, conhecimento e boas doses de coragem e amor sempre produzem ganhos para todos. Imagine viver bem com a esposa, marido, filhos... apenas porque passou a se interessar em conhecer a história do "diferente".

Mostremos ao nosso cérebro que outras verdades também trazem benefícios primitivos de prazer e recompensa. Superar o medo é uma das grandes "perdas necessárias" para o desenvolvimento mental humano.

Fundamentos para nossa felicidade: somar diferenças, reconhecer todos os elementos que discorri até agora, como sensibilidade, perceptibilidade..., compreender como se formam e atuam os pensamentos e poder exercer escolhas sobre eles em tudo aquilo que nos for possível. Uma vida ativa, atenta, perspicaz. Vigie; ore; confie; lute com você mesmo, APRENDA e, desse modo, ilumine-se. Isso mesmo, iluminar a si mesmo, torne-se luz..., e com muito orgulho mostre a todos o seu novo caminho.

Como colocamos significado e grau de importância a tudo que conhecemos e a todos com quem passamos a conviver, o gostar ou não de alguém faz-nos sentir, compreender e aceitar de maneira diferente o que o outro diz e faz, independente da "verdade" dos fatos.

Compreender isso é crucial para nossas boas escolhas, porque então direcionamos (ou não) nossa atenção a algo ou alguém. Assim, manipulamos "positivamente" nosso destino.

Gostar de determinada pessoa pode nos colocar no caminho, por exemplo, de uma profissão, porque tal indivíduo pratica essa atividade e assim enxergamos ali diversos pontos positivos. Apenas os pontos positivos (e sempre precisamos considerar os não tão positivos assim e até os "bem" ruins).

Admirar um mestre ou a causa dele pode fazer com que ela passe a ser também a nossa causa. Porém, é importante cuidar e certificar-se se queremos aquela atividade para nossa vida ou apenas por que "admiramos alguém" e desejamos agradar essa pessoa (ou até mesmo outros), renunciando a nós mesmos para comprar afeto?

Claro que bons exemplos nos levam a compreender valores e ter outras opções, mas nossas escolhas devem ser CONSTRUÇÕES em cada um de nós.

Por outro lado, às vezes sequer damos ouvido a fulano apenas porque não gostamos dele, do jeito, das roupas, a maneira de falar, um tique repetitivo que incomoda... e aqui daria para usar um sem-fim de exemplos. Posso estar colocando em grande risco uma enorme fonte de riqueza e aprendizado.

Não me refiro apenas à riqueza material.

Abandonar um Mestre porque ele "cheira mal" quando fala..., não condiz com o futuro que tanto desejamos, o que importa é o que ele fala. Todos nós somos "mestres" uns dos outros, todos nós carregamos odores, cores, amores diferentes. Todos nós "cheiramos mal" de certo modo para o "diferente".

E o que fazer em relação a "coisas assim" que enfrentamos na vida?

- Saímos da sala, abandonamos a aula de matemática, logo no início do curso, porque, não entendendo a metodologia, acreditamos que não gostamos da matéria, então fugimos. Isso pode nos fazer perder um mundo maravilhoso, com gigantes oportunidades. Até quando iremos agir assim?

- Claro, tudo tem limite. Nossas avaliações próprias existem para isso, porém precisamos aprender a fazer certas escolhas. As emoções alteram muito nossos sentidos e compreensão. Precisamos "aprender a ler" mensagens internas e PENSAR.

Vigiar.

"Perdeu grande oportunidade de conhecer o universo, os astros, nossa morada..., por que não foi com a cara do professor de física"?

O que pode haver por trás disso?

- Medo da teoria do caos?
- Medo de admitir que não entendeu?
- Medo de errar e não se sentir aceito (amado)?
- Melhor procurar um lugar mais "adequado" (mais fácil), local de..., "iguais"? Não somos iguais e nossas semelhanças apenas ajudam a construir uma história bem diferente e melhor.

O medo e a ansiedade também modificam nossa sensibilidade, perceptibilidade e conhecimento, quando, por estar aflito, declara:

- "Nem vi direito o que aconteceu".
- "Nem ouvi bem o que você disse".
- "Não percebi quem estava me esperando, muito menos o que estava a acontecendo".
- "Não sabia disso..., e perdi".
- "Não interpretei da maneira correta, desculpe".
- "Não fazia ideia que seria assim"...

Seguimos em confusão mental, angustiados muitas vezes, apenas por não entender a "lógica da vida". Pior! Não procurar entender.

LÓGICA. Grupo de operações intelectuais que se esforçam, agem e lutam para determinar o que é e onde está a VERDADE.

- Logos, conhecimento.
- Razão, pensamento.
- Discurso, exercício para demonstrar razão, sabedoria.
- Raciocínio, ato de organizar o pensamento – criar sabedoria;
- Ciência, busca a verdade inquestionável (essa que não existe).

A ciência propõe essa busca por meio de uma metodologia que se comprove eficaz, e possa ser repetida, duplicada, confirmada por qualquer pesquisador (mesmo assim é sempre depois superada – desista, verdade não têm fim). Por isso ainda não enterramos a filosofia. Precisamos muito dela. "Pensadores" acharam que com o crescimento espantoso da ciência, principalmente no século XIX, não precisariam mais da filosofia. É, pensaram errado.

Filosofia, caminho mental para a compreensão da natureza, do universo de nós mesmos. Tudo que existir aquém e além do palpável, utilizando a razão para alcançar a ciência possível, que seja capaz de, por meio de método, comprovar e tornar inquestionáveis conhecimentos e VERDADES.

Um empolgante plano, posto em marcha pelo homem há mais de dois mil e quinhentos anos... que, aparentemente, nunca terá fim.

Movimento inacabado, incompleto, contestador, porém, capaz de promover o afastamento da resistente, muitas vezes intragável "opinião", e do medíocre, "senso comum". Bem! Para isso a boa ciência serve e muito.

Opinião e Senso comum..., pai e mãe da manipulação. Bingo!

Não pergunte: não sei quem são esses "pai e mãe".

Filosofar é buscar um distanciamento máximo possível, da "pobre soma de pavorosas opiniões", pois, o que "achamos", sozinhos, pode ser fonte de brigas; em grupos, origem de guerras e muita destruição. A ciência trouxe o método para ajudar a filosofia (a se entender melhor).

Platão chamava *doxa*, apenas uma opinião. Por curiosidade, orto/doxa, opinião correta; hetero/doxa, opinião diferente da aceita, como correta, pelo... "senso comum".

Filosofia e Ciência: A eterna busca do homem pela verdade. Por ser um desejo universal, pode-se dizer que VERDADE é uma necessidade (biológica) fundamental para a humanidade. Todo mundo está atrás dela.

Vivemos REALIDADES. Muitas vezes, na falta de uma VERDADE maior, produzimos, enquanto não olhamos para isso, INSANIDADES.

Falácia é "mentir", usando argumentos da filosofia e da ciência para manipular em benefício próprio ou de um grupo. Usar um raciocínio errado emprestando a ele um aspecto de verdadeiro.

Hipócrita é quem "sente" uma coisa e demonstra outra, dissimula por motivos interesseiros..., e o faz quase sempre por medo (ou idiotice).

Chega..., "não é VERDADE?"!

Somos todos tão "inseguros" que frequentemente completamos uma frase, com essa preciosidade: - "Não é verdade?".

Também iniciamos dizendo: - "Na verdade...,"; com objetivo de dar força e proteger o que pretendemos e queremos afirmar, inconscientemente pedindo uma resposta como esta: - "Sim, você tem razão (agora eu aceito você..., agora eu amo você)".

Antes de seguir, desejo tocar aqui, muito levemente, no tema sempre difícil da VERDADE RELIGIOSA.

Importa dizer que, em nossa busca espiritual, vale toda crença que seja capaz de nos tornar seres humanos melhores. Lugares que façam sentirmo-nos bem, em paz, e pensamentos que não causem mal a nada e a ninguém. Contudo, lembre-se sempre, que "dogmas" são muitas vezes vistos e seguidos de modo cego, origem de imenso sofrimento.

Não são poucos aqueles que, por imaturidade absoluta, utilizam as religiões como arma apropriada para abusos de poder e manipulação negativa, esquecendo-se totalmente dos objetivos primordiais de qualquer uma delas: paz, fraternidade, justiça e amor.

Mas, isso é tema para outra oportunidade. Está bem desenvolvido no Tema VOCÊ, CIÊNCIA E ESPIRITUALIDADE, o último assunto do Programa SUPERCONSCIÊNCIA/FAMÍLIA DO FUTURO.

Para você.

Capítulo **XI**

FILOSOFIAS (eternamente) OPOSTAS

Já que falei um pouco sobre a filosofia, vamos olhar mais de perto para ela dentro deste contexto das VERDADES.

O desenvolvimento do ser humano, desde a criança até o adulto, coincide, de certo modo, com a história e evolução da humanidade, da infância humana até os dias de hoje (e todos os que ainda virão).

Uma criança pequena, indefesa, inventa histórias, aventuras repletas de medo, monstros e magia. É a maneira como ela enfrenta um mundo cheio de desafios. O homem primitivo fez o mesmo, ao modo dele, naquele complicado e difícil mundo hostil.

Falsas "histórias-verdades" criadas por ambos têm o objetivo de compreender e explicar a vida, a natureza, as ocorrências comuns, ou nem tão comuns assim, características de onde vivem, possibilidades... A razão que fundamenta tal objetivo é porque todos desejam vencer o "medo do desconhecido" e a melhor estratégia lógica (instintiva ou parcialmente consciente) é: "torná-lo conhecido". Inventar personagens e histórias nos aproximam do "problema" que nos aflige.

Criar uma história dá algum significado para a angústia, uma face ao estranho, e assim torna tudo mais "familiar", palatável, aceitável.

Olhar para um enredo facilita organizar ideias e estratégias para que se possa reagir e sobreviver aos múltiplos processos naturais ou fantásticos que permeiam a vida. Um difícil começo para todos nós.

Para proteção, inspiramo-nos, portanto, em mitos. O homem na Antiguidade, e o homem hoje, na infância, "vive e se delicia" com Mitos.

Para os antepassados, seres lendários constantemente invadindo as rotinas da vida são histórias incríveis que acalmam, mas também ajudam a explicar perdas, catástrofes, guerras, assim como assuntos mais triviais como as mudanças nas estações do ano, noites e dias, a passagem do tempo, o amor, poder, relacionamentos diversos e um sem-número de "eteceteras".

Para as crianças, histórias de desafiadoras batalhas travadas no teto dos quartos ou com terríveis demônios que vivem debaixo das camas, prontos para levá-los a uma aventura da qual não querem participar, também ajudam a tranquilizá-las, pois agem diretamente sobre o medo (e a razão) – do pai ausente que quase nunca volta para casa.

Vamos deixar as mitologias infantis de lado por um momento.

Saiba: o que passo a escrever nos próximos parágrafos é absolutamente incompleto e provavelmente falho.

O objetivo aqui não é debater, ensinar/aprender filosofia ou conjecturar sobre as muitas artimanhas de filósofos e cientistas, mas, sim, como o ser humano lida com o medo e a verdade de si mesmo e do outro. No caso, um ser humano, sempre criticando o pensamento de outro.

Lembre-se, nosso tema é "Verdade, Realidade e Insanidade".

Vamos aos fatos.

O homem evoluiu, cresceu – um pouco, bem pouco. A Grécia Antiga estava em um período, digamos, adulta. Mas, ainda repleta de deuses, deusas e histórias fantásticas. Tornou-se rica, desenvolvida, graças à abundante agricultura e à produção de variados artigos de vestuário, utensílios... O comércio prosperou com forte presença de navios mercantes, os quais permitiam o transporte das mercadorias, mesmo tendo que enfrentar "terríveis monstros do mar".

Esses monstros eram grandes tempestades, descritas como formas vivas para explicar indesejáveis riscos e tristes naufrágios. Havia o reconhecimento de "uma força maior que a do homem" e a ira dos deuses era provocada pelo mal comportamento da humanidade. Uma explicação (mítica) razoável, até para um controle necessário.

- "Se não for bonzinho... o bicho (papão) pega".

Lembra dessa frase, em sua infância?

Atenas apresentava um invejável desenvolvimento cultural e um homem se destacou nesse período, apesar que não o único.

Considerado Pai da Filosofia, Tales de Mileto foi "alguém que pensou além da média".

Mileto era uma cidade grega que recebia habitualmente milhares de pessoas, povos distintos oriundos de diversas regiões do mundo conhecido, a fim de comercializarem produtos. Uma festa de gente e de ideias diferentes, e cada povo possuía uma explicação mítica "sensata" para os mistérios da vida.

Tales percebeu que essas VERDADES, explicações dos porquês das REALIDADES da vida e da natureza, por exemplo, as tragédias (gregas), eram diferentes para cada povo que ali chegava. VERDADES distintas para explicar os mesmos fatos.

Algo deveria estar muito errado, afinal, quem..., entre aqueles povos mercadores, estava de posse da VERDADE?

- Foi ali iniciada uma competição de pensamentos que dura até hoje e promete muito mais: Descobrir quem está com a verdade.

Muitos, além de Tales, passaram a dar explicações. E defendiam verdades, não mais fazendo parte dela "os deuses e a mitologia", mas, procuravam respostas na própria natureza. Isso mudou muita coisa. Dos deuses no centro das questões humanas, para o homem ocupando este lugar de honra na história.

Nossa importância na condição de humanos estava posta à mesa, para "contrariar" a verdade dos deuses. E isso durou até o Deus cristão resgatar o mais alto posto na Idade Média, rebaixando novamente o homem ao pó (e cinzas).

Retomando a Grécia, naquele momento da Antiguidade, ocorreu uma explosão de pensamentos e novos conhecimentos.

Alguns homens (mais espertos, como sempre acontece) enxergaram, à época, grande oportunidade. De modo sagaz, passaram a vender a excelente capacidade de argumentação e retórica, usando palavras com eloquência para ganhar debates "nas conversas" e como consequência conquistar muito dinheiro e fama, em um desafiante jogo de poder.

Fazendeiros ignorantes, mas que enriqueceram com todo aquele poderoso comércio, tinham dificuldade para defender os próprios interesses na cidade, na Ágora, local público, a praça, onde cidadãos podiam e deviam se manifestar (para o bem de todos). Assim sendo, com o dinheiro que possuíam contratavam tais "oradores", investidos da capacidade para convencer qualquer um apenas com palavras.

Produziram-se grandes batalhas argumentativas com a característica clara de "não se importar com a veracidade dos fatos", desde que ganhassem a contenda, já que o esforço valia cada moeda recebida dos "donos do dinheiro".

Até hoje usamos o termo sofista, para quem mente usando a força das palavras e raciocínio, para produzir ilusão e engano. Defender VERDADES sem se preocupar com verdade.

Eram os sofistas, uma profissão promissora na Grécia daquela época (até hoje). Será que ainda existem pessoas assim?

O maior representante desses embates, Protágoras, era grande especialista nas falsas certezas, e andava por toda aquela região.

Esses fatos, novos para a época, deixaram um gordo baixinho e careca muito irritado. Sócrates, O filósofo.

Pobre, filho de uma parteira, totalmente fora do padrão estético dos deuses gregos, porém, muito inteligente. Apregoava que a filosofia deveria buscar sempre a verdade, e os sofistas, defendiam mentiras.

Atacava a falsidade sem descanso, incomodava todos com intermináveis perguntas e desse modo destronava qualquer sofista que passasse por sua "conversa". Sócrates não perdia uma.

O "Método Socrático", como ficou conhecido e é estudado até os dias de hoje, questiona todo pensamento "do outro" o tempo todo, passo a passo, procurando encurralar o oponente para comprovar erros na argumentação, falácia e mentira. Por esse motivo comprou briga feia com alguns poderosos atenienses.

Outras duas razões importantes que muito incomodavam os sofistas: Sócrates não cobrava nada pela atividade de "pensador" e, segundo eles, o "chato" começou a "perverter" a cabeça dos mais jovens.

Bingo.

- "Baixinho para com isso, arrependa-se, contradiga-se perante todos... ou tome cicuta e morra. Escolha"!

Sócrates era invocado e teimoso.

- "Querem saber de uma coisa"?
- "Só sei que nada sei".
- "Me dá a cicuta aí"?

E lá se foi Sócrates.

Festa em Atenas com a prematura e desejada morte de Sócrates, fragilização da verdade em toda a Grécia, provavelmente em todo o mundo, e comemorações (até hoje, para alguns).

Questionadores da "habitualidade" sempre serão mal vistos.

Mas..., a morte de Sócrates deixou outro ateniense irado.

E este era forte.

Platão.

Discípulo aplicado de Sócrates, Platão fez muito, muito, muito mais pela filosofia, e ainda sempre combatendo os sofistas.

Diferente da chuva de perguntas que imprensava o opositor contra a parede da mentira, Platão propôs a dialética como uma maneira nova de buscar (e encontrar) a verdade.

Como um jogo de pingue-pongue. Alguém propõe, saca com uma ideia, argumento – uma tese. O outro rebate, reage com uma tese contrária, a antítese. Em seguida, o primeiro contradiz a antítese, com um pensamento ainda mais elaborado, permitindo ao adversário, logo após, também se reinventar. Forma-se assim uma sequência evolutiva de ideias, conhecida como "movimento dialético".

Idas e vindas que seguem até alcançarem juntos os debatedores, a melhor, uma maior verdade possível para os mortais, ambos trabalhando unidos nessa busca. Não como litigantes (ao menos esse era o tom esperado, desejado, nem sempre obtido).

Este caminho dialético mostra que a verdade maior não cabe ao homem alcançar. Ela é luz, metafísica, verdade dos deuses. Mas, não podemos restar na escuridão da ausência do debate.

Para explicar a REALIDADE e a questão da VERDADE no mundo, Platão elaborou, entre outros pensamentos, o Mito da Caverna. Um lugar onde as pessoas permaneciam presas, amarradas e quase paralisadas, de costas para a vida, e uma luz originária por detrás somente permitia enxergarem sombras projetadas na parede do fundo da caverna, reflexos de uma "verdade" incompleta e, portanto, falsa. Como só conheciam aquela e não o mudo "lá de fora", para eles, aquelas imagens eram a verdade indiscutível.

É preciso muita coragem para libertar-se das amarras, depois virar-se completamente em direção à saída e, ativamente, buscar a luz do SOL, absoluto, a verdade maior na realidade fora da caverna.

Não tenho nenhuma pretensão de descrever ou estudar profundamente aqui o Mito da Caverna de Platão, portanto, encerro com um curto comentário.

- "Eu hein, Platão, saio não da caverna, deve estar frio lá fora".

Fato, a maioria das pessoas deve sentir muito frio porque prefere ficar "aquecida" enxergando sombras e reflexos na parede das cavernas (onde vivemos), hoje finíssimas telas de televisão, mesmo que de certo modo saibam que tudo é ilusão (e muita mentira proposital de "sofistas" especialistas no mal). A sociedade está muito doente. Mas, já estava assim na época de Platão.

Sim! Evoluir demora, mas se torna um processo muito rápido quando nos damos conta do engano em que vivemos e aceitamos outras opções (como desligar a televisão, sem que ela seja a única "distração").

Poucos são aqueles que querem fazer alguma coisa melhor por si mesmos, pelo outro e pela humanidade, e é difícil arrancar alguns dos sofá-caverna e novelas-hipnóticas-manipuladoras, por vezes.

Então, logo em seguida, na história e nos livros de filosofia, surge Aristóteles. "Arizinho", pupilo de Platão, também um crítico ardente dos sofistas. Contudo, "discorda do mestre". Não aceita algumas das propostas de Platão. Resolve, por bem, elaborar outras. Tudo certo!

"Inventa outro pensamento aí, Ari"!

- E inventou.

Entre tantos, o silogismo também é uma ferramenta de busca pela verdade, no entanto, pode produzir muito engano, dominação e sofrimento, quando mal utilizado.

Logo mais conversaremos sobre silogismos, dedução, indução..., o fato que eu quero deixar claro aqui para você: o que importa com toda essa minha fala é que "cada filósofo que surgia no planeta, lá estava alguém pronto para discordar...". Isso foi uma realidade por toda a história da filosofia, porque discordar é uma verdade bem humana e... É o que permite a progressão do conhecimento. Água parada apodrece.

Quando Deus retomou ordem e comando, afastando novamente a o homem do centro do universo, logo no início da Idade Média (Teocentrismo – apenas Deus no centro), Santo Agostinho olhou para o mundo e disse: "Ari, tolinho, Platão estava certo".

Bem mais tarde, mas, ainda na Idade Média, vem à tona outro religioso, São Tomás de Aquino, afirmando o seguinte: "Agostinho, tu é que estás enganado. Aristóteles tinha Razão".

E dá-lhe silogismo aristotélico auxiliando a Igreja a dominar e controlar as "mentes" por quase mil anos.

Assim como não pretendi ensinar o "Mito da Caverna", muito menos Filosofia, afinal, seria muita pretensão minha, pois, essa não é minha área de estudos, apenas quero deixar claro, e de modo bem forte em você, o saber de uma qualidade muito humana em todos nós: "sempre discordamos e criticamos uns aos outros". Em tempo! Isso bem conduzido, com respeito, é muito bom.

Vale relembrar o que insisto desde o começo do livro:

- Cada um constrói uma verdade e tem dificuldades para perceber a do outro. Às vezes, nunca percebe isso, ou nem faz questão. Não sabe o quanto é maravilhoso olharmos as verdades dos outros. Fazer isso acrescenta, modifica, aprimora e amplia "a nossa".

SEMPRE DISCORDAMOS UNS DOS OUTROS E CADA UM GUARDA UMA VERDADE PRÓPRIA

Exemplos de Silogismo:

Começarei com o mais famoso (e didático deles, usado em qualquer ensino sobre a lógica aristotélica) para depois alcançarmos usos banais, as nossas tolices (pensamentos fracos e limitados) de cada dia.

- O Homem é mortal. Sócrates é Homem. Portanto, Sócrates é mortal. Interessante, tem LÓGICA.

- Político é corrupto. Fulano é político. Fulano é corrupto.

Hummm, mais ou menos.

Por que aqui há um engano?

- No primeiro exemplo a premissa é verdadeira: Homem é mortal, assim a lógica está certa e completa, afinal, não existe homem imortal. Mas, no segundo exemplo, A PREMISSA É FALSA. Existem muitos políticos corruptos, há uma predisposição para comportamentos assim nessa área de atuação humana, entretanto, não se pode afirmar que são todos, quer seja hoje, lá atrás em Atenas, ou mesmo na Idade Média.

Nosso problema estrutural principal do pensamento: muitas vezes partimos de premissas falsas para tomar decisões singelas ou até importantes e com as pessoas que sequer conhecemos ou mesmo aquelas que amamos. Acreditamos fortemente nessas VERDADES e destruímos REALIDADES, criando perfeitas INSANIDADES, impeditivas da felicidade que tanto queremos alcançar.

Observe esta (lentamente para acompanhar a loucura):
- João me ama (verdade).
- João sempre me telefona (verdade).
- Hoje, João não me ligou (verdade).
- João não me ama (falso).

E liberta-se um grito:
- "JOÃO NUNCA ME AMOU" (falso).

E chooooora (verdade).

Tenta me explicar o que uma coisa tem a ver com outra?
- Nada.

Parece brincadeira, porém, muitos acreditam piamente que uma coisa tenha a ver com a outra – vivemos INSANIDADE.

Pior, fazemos tudo para que tenha a ver.

Talvez autopunição, medo da perda, de ser abandonada, e então contra-ataque ao outro (que me fez sofrer – SEMPRE), ganho secundário (tenham pena de mim), desculpas para manipulações (ajam como eu quero), reações infantis... "Eu sabia que ele não me amava. Para não sofrer mais é melhor eu terminar tudo". Sofismas autoimpostos por uma sociedade fraca.

- Esse foi um exemplo clássico de Lógica Primária (e imatura).

Usamos essa Lógica Primária, doentia, muitas vezes, mesmo sem perceber, sem saber que estamos criando um "mito", uma narrativa, uma falsa história, a soma de "micromanipulação" diária, punitiva e desnecessária, por não pensar bem, por sermos de fato imaturos, por termos medo da vida, do mundo, do outro..., medo da perda do amor, medo de perder... Tudo!

Medo de perder "o João", o emprego, a oportunidade...

Meu medo de perder a lógica do raciocínio enquanto escrevo...

E você, tem medo do quê?

Exemplo de uma Lógica muito "manipulada" pela Igreja Medieval:
- A Igreja representa a verdade (premissa 1), porque ela é a portadora direta e única da Palavra de Deus (premissa 2). Quer ver onde vai dar isso? Conclusão: - A Igreja é Deus na Terra (lógica silogística). Todo poder emana do... sacerdote.
- Você falhou com a Igreja. Será lançado de um penhasco ou em um rio muito bravo e perigoso, ou em qualquer situação-desafio que torne impossível sobreviver. Se sobreviver é porque... Como Deus pode tudo e sabe da sua inocência, irá lhe salvar.

Deus não erra.

Note quantas premissas "VERDADEIRAS".

Se a Igreja é Deus na Terra, portanto, a Igreja não erra. Conclusão: "Se você morrer é porque a Igreja estava certa na acusação".

Isso, é Lógica Primitiva, A MESMA QUE UTILIZAMOS HOJE, muitas vezes em nossas relações disfuncionais, sofridas por nossos medos e tolas reações. INSANIDADE.

O medo afirma a Verdade, o que dá suporte a (minha) insegurança.

Afinal, Eu Não Erro.

Veja este exemplo, uma situação muito frequente hoje em dia na vida de um casal:
- "Você atrasa e não me avisa", disse a esposa. Emoção. A Raiva. Bloqueia o raciocínio, porque vive em nós imensa insegurança, carência de atenção, amor, afeto, e tudo faz com que um medo imenso nos cegue (imaturidade).

Reação de defesa na CERTEZA da culpa do outro:
- "Nada o salvará, pois, EU não erro, lembra-se"?
- Mesmo quando você (o outro) provar que acabou a bateria do celular e não havia como avisar..., ouvirá algo assim:
- "Você falhou comigo", carregada de uma mágoa indescritível.
- "Você morreu para mim".

Tão duro, quanto imaturo, isso.

É uma armadilha permanecer na imaturidade. É viver no fundo da caverna, amarrado e enxergando apenas sombras.

O "Fundo da Caverna de Platão" é o que muitos de nós praticamos na vida. Todos os dias permanecemos presos a um círculo vicioso de dor e sofrimento..., para todos. Vale a pena?

- Porém, todos os dias também podemos escolher sermos muito mais que isso. Podemos nos tornar SERES HUMANOS MADUROS E MELHORES. Todos Merecemos. Todos.

Vamos sair juntos das cavernas. Esta é a maior ideia proposta pelo Programa SUPERCONSCIÊNCIA/FAMÍLIA DO FUTURO.

Capítulo **XII**

FERIDAS EM NOSSA HISTÓRIA

Não é difícil compreender que o choque entre VERDADES diferentes *é capaz de produzir dor significativa e que essa imprime forte marca em nossa memória*. Não me refiro só a grandes traumas, mas a *algo muito comum* em nossas vidas. Pequenos machucados diários que vão se acumulando como tristeza e angústia, um sentimento que muitas vezes nem sabemos de onde vem, quem ou qual situação o causou.

Ofensas leves dia após dia, ironias, brincadeiras tolas moldam pouco a pouco nossa estrutura física e mental, pois o corpo reage por inteiro, mesmo quando achamos que "damos conta". Aguentamos e justificamos esse comportamento (hostil) do outro dizendo: "ele é assim mesmo". E quando somos nós os "brincalhões" justificamos nossos atos como "Ah! É apenas uma brincadeira"!

Não. Não é brincadeira.

Crenças de baixa autoestima, faltas importantes e reais para quem as sente, criadas lentamente em cada experiência dessas, tudo isso mexe muito e escreve nossas histórias com feridas que foram criadas em nós e não cicatrizam. Não precisava ser assim.

Conte para mim:

- Um toque com seus dedos sobre sua pele sã, diga-me, o que acontece?

- Nada, oras bolas!

- Uma fala qualquer de alguém sobre seu coração forte, o que acontece?

- Nada, "bolas oras"!

E... um toque sobre uma pele machucada?

- Dói. Às vezes muito.

E... a fala anterior sobre um coração fragilizado pela história?

- Dói muito, né?

Precisamos aprender a reconhecer essas marcas em nós, aceitá-las, compreendê-las, ampará-las, tratá-las... (em nós e em todos). É preciso coragem para isso, pois o medo de "olhar para elas" e sentir novamente uma dor que aos poucos aprendeu, de certo modo, a "dominar", melhor, controlar.

Ninguém merece viver as "confusões dos outros" (e de si mesmo). São sempre *péssimas construções relacionais que vão se acumulando na memória, equívocos irresponsáveis ao longo da vida, experiências sentidas, percebidas e interpretadas de modo diferente do que deveriam.*

Imagine essa situação na vida de um casal:

- "Nossa amor, esse vestido ficou muito feio em você".

Um coração forte em pessoas seguras pode dar essas respostas:

- "Não achei isso quando comprei. Talvez ele apenas não combine comigo. Sim, você tem razão, não tinha me dado conta disso".

- "Respeito sua opinião, mas, vou ser sincera, eu gostei".

- "Concordo, pensando bem, mas, para não nos atrasar, não me incomoda ir com esse vestido, você se importa"?

Note que quem fez a pergunta, se de fato é forte, apenas emitiu uma opinião, achou o vestido feio na pessoa que ama. Sim, talvez tenha sido indelicado no modo como escolheu para expor isso, mas, provavelmente, tenha falado assim apenas para cuidar dela.

Corações fracos..., por outro lado, nem saem mais de casa. Reagem com tristeza ou raiva, a soma de sentimentos negativos em uma confusão mental que se inicia nesse momento. As pessoas que se sentem menores emburram, brigam, fecham-se em dor e têm a certeza, confirmando para si mesmas, que são as piores "coisas" do mundo, pois, já estava implantada nelas uma terrível autoestima. Desnecessário. Fomos feitos para vencer (a nós mesmos e a construção da nossa mentalidade).

O que há por trás dessas duas reações opostas, a boa e a ruim?

- Pelo bem, crenças de segurança e maturidade ou, por outro lado, pelo mal, crenças limitantes que prendem a pessoa em um estado permanente de imaturidade. Nesse caso, as reações ruins e os conflitos *são inevitáveis. Não há casamento que dure,* nem formação de filhos que se fortaleça, não há... É preciso fazer alguma coisa. O melhor:

> **É POSSÍVEL FAZER MUITA COISA,
> SE VOCÊ CONFIAR E PERMITIR (a si mesmo)**

O Programa SUPERCONSCIÊNCIA/FAMÍLIA DO FUTURO, com oito fortes temas, foi criado e existe para isso. Mudar nossas perspectivas sobre a vida, por meio de muitas reflexões. A transformação que todos nós merecemos. Note o que acabo de escrever. Não queremos mudar você, não temos esse direito e sequer poder para tanto. Queremos apenas oferecer outras (e novas) perspectivas em relação a "tudo". Com isso, as mudanças para melhor serão sempre inevitáveis. O cérebro quer o melhor para si mesmo, é preciso apenas reconhecer caminhos e assumir o controle.

O que você prefere acreditar e como quer atuar neste mundo?

- Muitas crenças são colocadas em nossa mente desde muito cedo na infância, pela maneira com que fomos tratados e principalmente como interpretamos as relações com pessoas significativas para nós.

Pensamentos de autoimagem que passam a "existir" em nós vêm sempre de algum lugar, de fora, das nossas interações com os outros, ou crenças autoimplantadas por nossas interpretações equivocadas. A hipervalorizarão que fazemos dos outros também geralmente são ilusões.

Um pai ou mãe ausentes; ou violentos; ou negligentes; ou autocentrados; ou... esvaziam nossos corações de segurança e energia necessária para nos posicionarmos bem, como cidadãos no mundo, e passamos a vida nos escondendo da verdade em nosso valor.

Ou pior, tornamo-nos "eles".

Grave ameaça hoje em dia para nossa sociedade acelerada e cada vez mais confusa, na qual pais lotam cada vez mais a agenda dos filhos para que eles, os pais, possam cumprir as deles (importantes ou fúteis). Treinamento de aceleração máxima do pensamento. Isso não pode dar certo.

Às vezes, nossos pais não estão tão ausentes como sentimos, porém, uma presença insuficiente diante das nossas exigências constantes, equívocos produzidos por medos exagerados.

Pais presentes, mas com atitudes negativas, repressivas, opressivas, excessos de controle ou cuidados, passam mensagens de disfunção e desacordo da criança com o mundo. Todos nós nos sentimos muito mal.

Cuidados em excesso mostram (afirmam) para a criança que ela não tem competência, é incapaz de viver naquele meio ou o meio é de fato perigoso demais. Grande fator de baixa autoestima. Uma criança precisa se experimentar e errar... para aprender e se sentir cada vez mais forte.

Esses pensamentos todos "de cuidados a mais" *são equivocados, porém,* como realidades dia após dia, permanecem nas mentes e nos corações, bloqueando vida, formando feridas.

Construções desde a sala de parto.

"Se meus pais têm tanto medo de que eu me machuque, caia, adoeça, que me roubem deles..., que..., infinito..., ou devo ser muito fraco e medíocre ou tudo no mundo é muito difícil, perigoso, mais importante do que eu e, portanto, nada mereço, tenho pouco valor".

"Saio para o mundo convencido que sou um b... (bosta)".

Desde esse pensamento infantil em diante, para começar a roer unha, comer compulsivamente, beber demais, usar drogas, reagir com agressividade, manipular por defesa ou dor..., porque tudo é muito difícil e angustiante, há apenas um pequeno lapso de tempo e, absolutamente..., insisto sempre, não precisaria existir.

> **SOMOS CAPAZES DE "SAIR MELHORES PARA O MUNDO", TENHO CERTEZA DISSO**

Muita terapia no futuro para convencer o sujeito que ele é uma das grandes maravilhas do universo, que nasceu com potencial para ser incrível, foi feito com matéria, energia e propósito para "dar certo".

Precisamos convencê-*lo* disso, convencer o terapeuta dele também. O terapeuta também é um ser humano que um dia foi criança e "recebeu" a própria história. E está ali exatamente para também tentar se encontrar. Um cliente ajuda demais o "terapeuta". Todos aprendem (se quiserem). Sim, somos todos companheiros de muitas histórias e versões (por vezes, mal contadas). Vamos ajudar uns aos outros? Curando feridas, sarando histórias – passadas e futuras.

Os pais muitas vezes, confirmando nossas incertezas, reforçam:
- "Você é um burro mesmo".
- "Estúpido, medroso, feio, fracassado..."
- "Você não é inteligente como a sua irmã".
- "Se continuar assim vai ser um ninguém na vida".
- "Você não é bonita como a filha da vizinha".

Tais afirmações têm muito poder na vida de uma criança. São devastadoras e não precisariam existir se todos nos esforçássemos para tornarmo-nos cada vez mais fortes. Muitas vezes eu e você fazemos isso, dizemos estas frases, mesmo sem perceber (conscientemente). Meu objetivo aqui agora, neste parágrafo, é fazer você perceber... se age assim, PARE!

Você ou alguém merece esse tipo de tratamento?
- Não!

Vamos ajudar pessoas a mudarem crenças limitantes, sanar feridas que são marcas na alma. Não podemos nem devemos mudar nossa história, nunca abra mão dela, nunca! É sua, não a entregue para ninguém, nem esqueça dela, pois forjou a pessoa maravilhosa que você é. *Nunca duvide disso.* Somos a história. Apenas, agora, assuma o comando.

> **TENHA ORGULHO DA SUA HISTÓRIA (qualquer que seja ela)**

Para corrigir esse mal, graves equívocos do PASSADO, leia aqui novamente: PASSADO, acabou, não existe mais, INSANIDADE – precisamos reconhecer e zerar essas diversas experiências ruins. Atente, nunca zerar, nem devem encerrar, mais bem compreendidas, ajudam. O que é preciso "zerar" é a dor.

Como fazer isso?
- Colocando VERDADES no lugar, para mudar a REALIDADE.

Primeiro declare um grande amor por Deus, a você e ao próximo.
Já viu isso em algum lugar?
- Não estou brincando, experimente, faz muito bem.

Depois, peça PERDÃO e demonstre que sente muito por toda dor que causou a quem quer que seja, na defesa das suas verdades, enquanto você também lutava loucamente para entender a vida.

"EU CAUSEI"? (Reclama o leitor já irritado).

- Sim, todos nós.

Não importa o que fizeram a você, HOJE o poder, a decisão, a escolha, está com você.

"A força está com você"..., eh, eh, desculpe.

"Ame seu inimigo". Também já *viu isso em algum lugar, não viu, ouviu, leu, imaginou*..., sonhou?

- Bem, agora que já pediu perdão, PERDOE!

Você já possui perdão de sobra dentro de você, todos que ganhou por que pediu, não pediu? Sei que os recebeu. Estão aí, portanto, ofereça, "devolva" perdão para todos. Limpe sua alma de toda dor que causou e daquelas que lhe causaram. Jogue fora toda mágoa, rancor, raiva antiga, tais sentimentos são REALIDADES de um passado que já está longe.

- "Ah! - Não consigo"! "Tenho muita raiva da minha mãe (do pai)"!

- Claro que consegue, faça agora. Lembre-se, pode jogar fora porque a dor que ainda está aí dentro de você está apenas enferrujando seus neurônios, envelhecendo seus tecidos, enrugando sua pele, apenas fazendo mal a você.

- "Ah! - Não posso perdoar". "Veja TUDO o que ela (ele) me fez"!

- Pode sim. Só não perdoa porque não quer e tem medo de baixar a guarda do perdão e se machucar novamente. É compreensível.

Eu entendo você, já passei por isso tudo, um dia eu conto.

Agora, eu posso falar que minha esposa, às vezes nós conversando sobre algo do passado, vê que eu choro, e ela diz. "Isto não está bem resolvido, então". Ao que respondo, "mais que resolvido", porém, a lembrança na janela da memória hoje me traz emoção pelo que vivi, mas, absolutamente sem dor. Porque a compreensão dos fatos é tanta que a história não se perde (lembra-se disso), mas a dor sumiu como mágica. *Mágica*, por aceitar o amor possível, o melhor tentado, na história contada, o perdão alcançado, a ferida sarada. Permanece apenas a cicatriz, para lembrar ao meu coração as boas lutas.

Sem a ferida aberta, graças à decisão de nos tornarmos MADUROS, cada vez menos nos machucamos, porque "passamos a compreender a dor do outro", assim como "as dores do mundo". Nossos pais são os pais possíveis, nossos companheiros de amor, nossos amigos (e inimigos, são também gente com as próprias histórias).

Mesmo que seu machucado seja recente, se os fatos que te feriram aconteceram meia hora atrás, não os deixe com você, em você. Trate nas primeiras horas. Machucam sim, eu sei, porém, lembre-se sempre: "o que aconteceu não existe mais", apenas as consequências. E essas você pode encarar de modo muito melhor, com controle no seu *cockpit*.

Escolha e decida o que deixar dentro de sua cabeça, não somos lixeira nem alvo. Permita permanecer em você apenas a experiência para que saiba se proteger cada vez mais, em uma próxima vez, e renuncie ao resto.

Faça como aquela mulher quando disseram a ela que o vestido não combinava, ela sorriu. Tornou-se maior com o tempo. Não foi do dia para a noite. Apenas sofreu antes, mas provavelmente também teve bons "espelhos" na vida para "sobreviver" e fazer novas escolhas emocionais.

Aceite a crítica, avalie o fato, e vá ser feliz.

Ok.

Declarou seu amor, já pediu perdão e perdoou.

Então, agora compreenda a dor de um pai, uma mãe, a imensa confusão, o medo na cabeça deles para chegarem ao ponto de, não dando conta da vida, tentar um aborto, negligenciar ou até abandonar um filho.

INSANIDADE.

Falta agora algo importantíssimo para prosseguirmos com a limpeza das nossas próprias feridas:

AGRADEÇA!

Gratidão gera um maravilhoso estado de espírito.

Vale a pena exercitar todos os dias, sim. Agradeça seu sofrimento, afinal, ele o fez quem você é hoje, e você é muito mais do que imagina.

Orgulhe-se de você e de toda sua história. Diga obrigado para cada passagem em sua vida, todo o bem e todo mal.

Em minhas palestras costumo dar uma singela dica:

Escreva em um cartão a palavra GRATIDÃO, coloque na mesinha de cabeceira do seu quarto e olhe bem para ela antes de dormir. Faça uma oração e agradeça a cada pessoa que passou por você naquele dia. Deseje o bem a todos eles, um por um. Então agradeça a cada situação, as melhores e as piores, afinal, sim, também as ruins porque todas estiveram com você para serem seu guia nesta vida.

E, desse modo, gratidão também será a primeira "coisa" que verá ao acordar. *É uma sensação maravilhosa iniciar o dia* em estado de gratidão a Deus, *à* vida, às oportunidades..., mais uma vez, sejam elas boas ou ruins. Você enfrentará bem todas elas. No seu possível.

Problemas são exercícios de vida e maturidade. Deixam-nos cada vez mais fortes se assim quisermos e direcionarmos o nosso pensamento.

O cartão na cabeceira da cama lembrará você do pensamento em gratidão, contudo, com o tempo, nem precisará mais dele, pois a gratidão já estará incorporada no seu dia, em seus pensamentos.

Agora que você passou por esses primeiros passos preparatórios, vamos ao diagnóstico. Afinal, só posso tratar o que reconheço.

> **NÃO HÁ COMO OBTER A CURA PARA UMA DOR SE NÃO OLHARMOS BEM PARA ELA**

Como posso me curar se não conheço minhas feridas?
Se não me permito olhar para elas?
Se tenho medo de segurá-las em minhas próprias mãos?
- Muitas vezes não quero reconhecer ou até mesmo tratá-las porque tenho ganhos e desculpas com elas.
Basta atenção e muita confiança, depois..., persistência, lembra?
- Preciso reconhecer em mim aquilo que me machuca.
O médico olha e palpa para observar onde você sente dor.
O que fará você?
- Não há como palpar a alma, no entanto, podemos observar nossas REAÇÕES, emoções que apresentamos diante das pessoas no cotidiano da vida e pensar nas expectativas que temos delas.

EXPECTATIVAS!

- Que o outro possua a mesma verdade que a minha..., mas..., se ele não passou pela mesma história, é impossível termos a mesma verdade.
- Que o outro pense o que estou pensando..., mas..., ele não é adivinho. Isso não vai dar certo nunca.
- Frustro-me com o que o outro tem a me oferecer, porém, muitas vezes o outro ofereceu o melhor dele, e com todo amor do mundo. Fez o possível dele.
- "Ah! Mas, eu 'esperava' mais, né"!

Muitas vezes as expectativas são correspondidas:
- "Meu amor, que vestido lindo, você está maravilhosa".

Essa é a "morada da felicidade e da alegria", com muitos sorrisos.
Outras vezes:
- "Onde você pensa que vai com essa saia"?

PARE AGORA. E preste atenção na dor que sentiu COM A FRASE, não na ilusão provocada em você (ilusão que irá produzir uma reação).

O que precisa ser olhado de perto aqui não é se a saia é *curta* demais, provocante demais..., nada tem a ver com o acontecido. Deixe para avaliar isso depois.

Sim, ele não foi feliz com o comentário, mas, esse é apenas um problema de comunicação para ele resolver, ou é insegurança, também para corrigir (urgente)?

Vamos direto observar a intenção e os sentimentos dela:

Passou a tarde toda se arrumando "para ele", escolheu um vestido provocante para quê? - Para "provocar ELE". Está segura disso e com a atitude e reação dele ficou sim, um pouco triste, mas, nada que irá estragar a noite com a pessoa que escolheu amar.

Argumenta com segurança, concorda em parte com outra verdade, a de não ter pensado que poderia provocar ciúme ao encontrar os amigos dele. Dependendo do lugar, se dá conta que não seria realmente conveniente aquela saia, prefere trocar por outro vestido ou levar um casaco para ficar mais discreta. Não para obedecê-lo, mas porque respeita a insegurança e talvez as próprias circunstâncias.

Se você concorda com ela, parabéns, também está se tornando uma pessoa cada vez mais forte e madura.

Se não concorda leia novamente, sem emoção, por achar que simplesmente é uma atitude ligada ao machismo/feminismo.

Parênteses: não estou dando opinião, apenas possibilidades como exemplos.

Vamos olhar para o sentimento dela, "quando a coisa não vai bem"?

RAIVA, DECEPÇÃO, TRISTEZA.

Pronto, está detectada a ferida, exposta com toda fragilidade.

Há uma REGRA INTERNA, implantada em nossa cabeça, que delata para nós aquilo que cada um acredita:

"O CERTO É...".

"Eita frasezinha terrível"!

- "Ele deveria, ele poderia, ele tinha que...".

Porque "O CERTO" é fazer assim, assado...

- "Ele não devia ter falado comigo dessa maneira".

"Tô certa ou tô errada miga"? (A nossa insegurança sempre pede a opinião de outro que nos confirme).

Um mundo de exigências reativas a uma fala, uma crítica, um olhar, um fato, às vezes até (apenas) uma lembrança de algo bem anterior, pretérito, sim, lá do passado.

Sabe aquela situação em que estava tudo bem e subitamente alguém fica emburrado? - Você percebe, sente no ar... Pergunta o que aconteceu. Imediatamente, a resposta vem com a história do mal-entendido de um mês atrás, um ano, um ciúme que aconteceu na última temporada de praia..., da...,

O fato é que, independentemente de quando, "se alguém não faz o que tenho certeza que é certo" sinto RAIVA, TRISTEZA, DECEPÇÃO.

Os sentimentos aqui diferem, dependendo diretamente do conteúdo construído, e mantido em cada um de nós.

Compreenda: se foi construído durante nossa história, pode ser destruído, jogado fora, dispensado..., TROCADO por conteúdos melhores.

> **SE NÓS MESMOS CONSTRUÍMOS ESSA IDEIAS**
> **(TOLOS EQUÍVOCOS)**
> **PODEMOS DESTRUIR E FORMAR**
> **MELHORES PENSAMENTOS NO LUGAR**

Posso crescer e mudar, curar a minha dor.

- "A dor é minha, faço o que quero com ela, *tá*"!

Acredito que relacionamentos existem para auxiliar nosso crescimento, pois são sempre exercícios. Pessoas são colocadas em nosso caminho porque são verdadeiros anjos que nos afrontarão, provocarão e enfrentarão tudo aquilo que nós realmente precisamos ouvir (e evoluir).

E nós a elas.

Este livro não chegou por nada em suas mãos, mas esse também é papo corrente em outro tema, VOCÊ, CIÊNCIA E ESPIRITUALIDADE. A atenção aqui é em relação a sentimentos que delatam nossas fraquezas, não da namorada/o, esposa/o, amiga/o. Raiva, irritabilidade, enjoo, nojo, vergonha, culpa, tristeza, angústia, depressão, ansiedade, decepção, abatimento, tudo isso é MEDO.

Detectou o sentimento que sente quando ocorre algum evento?

Limpe-se. Passe por todas aquelas fases de amor, perdão ao outro e a si mesmo, gratidão pela vida. Confie, persista, conheça, APRENDA e estruture um novo caminho neural, não apenas em seu cérebro, como deve ser, mas em todo o seu corpo e em sua história.

Muitos são os autores que nos inspiram a crescer cada vez mais. Existem pessoas que, de fato, experimentam a vida e não conseguem deixar outros para trás sem que sintam a beleza que um dia os inspiraram. Homens e mulheres que se permitiram maiores, também transformados por outros grandes em nossas diferentes sociedades.

Foram muitos assim em meu caminho e espero que também influenciem o seu. Falta de conhecimento mata, mas falta de amor mata mais.

Então, um pensamento que cura uma relação de casal:

> "Você não veio ao mundo para satisfazer minhas expectativas, nem eu, para corresponder às suas. Você não é minha filha/meu filho. É adulta/adulto como eu. Dou-lhe minha masculinidade/feminilidade e recebo a sua. Assim nos completamos em Amor".

Bert Hellinger

---

[1] www.ndhet.com.br – Original: Wie Liebe gelingt. Palestra proferida por Bert Hellinger, em S. Paulo, Agosto de 1999 em original manuscrito. Tradução: Anand Udbuddha - (Newton Queiroz) - Rio de Janeiro - Revisão: Mimansa Erika Farny - Caldas Novas - Novembro de 2000.

Então (com o tempo), por que a raiva?
- Viu, passou. Você cresceu, "madurou".
Difícil?
- Sim, mas persista e vá ser feliz.

Não demora muito para o cérebro perceber uma grande "vantagem", deixar o medo apenas para ocasiões em que ele é de fato importante, para as nossas defesas, e equilibrar energias internas nas áreas do prazer e da recompensa.

Acredite, vale a pena.

Se suas construções de pensamento *já estão boas e prontas para a "viagem"*, curta cada curva dessa estrada maravilhosa que é sua vida em família, amigos, e tantas relações a mais.

Mas, caso não, lembre-se, agora, e sob qualquer situação, você dirige.

Capítulo XIII

PENSAMENTO VIRTUAL/ EMOÇÃO REAL

A *última* vez que ouvi esta frase "o pensamento é virtual e a emoção é real" foi pela voz de Augusto Curi.

O pensamento é um processo mental que acontece agora, neste exato momento, no entanto, também somos capazes de pensar em algo que ocorreu no passado (já encerrou) ou que ainda poderá existir no futuro (que talvez nem se realize)". Já a emoção vive apenas no "presente", está aqui em você, agora. Não existe no passado ou futuro.

Você pensa AGORA em algo que viveu no PASSADO. O acontecido "virou fumaça", não existe mais, porém, você se emociona HOJE com a história. Você pensa AGORA em algo que viverá no FUTURO. O "acontecer nem fumaça é", não existe ainda, porém, você se emociona HOJE com a história que "talvez" venha a viver.

Duas situações:

- O "foi real não é mais", perde-se no tempo..., sumiu em um passado (mesmo que há poucos segundos – ou anos).

- O "não apareceu ainda", insisto, um futuro que pode nem ocorrer, é apenas uma probabilidade (mesmo que o futuro "será" após você abrir aquela porta ali, nos próximos segundos – ou anos).

Amamos e sofremos por lembranças passadas e por antecipações *futuras*. Emoções por projeções possíveis, SENTIMENTOS pai e mãe, progenitores da depressão e da ansiedade.

Histórias do passado ou futuro são capazes de mexer com a gente HOJE, mas, estão longe de serem "existência materializada". Coisas boas e coisas não tão boas como você gostaria.

O passado emociona porque estivemos lá ou, ao menos, participamos de certo modo e lembramos – lembramos dos fatos e do que sentimos naqueles momentos. O Futuro emociona, como se já estivéssemos lá, imaginamos, projetamos, pois não há como "viver" fatos que não aconteceram ainda.

PENSE em uma viagem que fará em breve com quem você ama.

Corra até um espelho e divirta-se com o sorriso que está estampado em seus lábios pela emoção do AGORA.

Será real ou poderá nem se materializar. Não se perde o que NÃO existe, por isso o pensamento é VIRTUAL, vaga constantemente por todos os tempos e lugares, voa com você para onde você permitir que ele se sustente... *Já* a emoção é REAL, sentida neste exato momento, com o que vive e imagina o pensamento. Se a emoção é real, mas conduzida pelo pensamento virtual... problemas emocionais resolvidos:

> **APRENDER A PENSAR É A CHAVE**
> **PARA A SAÚDE FÍSICA, MENTAL E ESPIRITUAL**

- BASTA APRENDER A PENSAR!

Para tanto, é necessário conquistar ao longo da vida um EU bem treinado. FELICIDADE EXIGE TREINO.

Não é da noite para o dia que crescemos em emoção e pensamento. Amadurecemos pouco a pouco, passo a passo, experiência a experiência. Assim, realizamos uma vida maravilhosa, sabendo que felicidade e paz são conquistas merecidas ao longo do tempo.

É nossa "obrigação" APRENDER a viver, forjando um EU que domine os pensamentos, acalmando, desse modo, o controle da emoção. *É obrigação aprender para nos tornar capazes de repassar aos nossos filhos todo esforço e desenvolvimento. Isso é evolução em ação.*

Aceito, contento-me com os fatos, oportunidades, acontecimentos bons e ruins. Aprendo cada vez mais. Passo a compreender melhor "as coisas" como funcionam, como eu funciono, como as pessoas que amo e me relaciono funcionam.

Perdoe-me a repetição de palavras, mas é muito importante.

Importante porque "compreender" cura feridas, não se sofre mais ou muito menos, e não fazemos mais ninguém sofrer. Acreditar, compreender, dar novos significados e fazer novas escolhas.

Você assistiu à *série de filmes do Hulk, aquele gigante verde que é na realidade um cientista franzino e por acidente no laboratório transforma-se* em um sujeito enorme, com muita RAIVA, e passa a destruir tudo o que vê pela frente?

- Pois é, acho que somos assim, fraquinhos, e quando enfurecidos somos capazes de fazer muita "M...", besteira.

O personagem que dá vida ao Hulk passa toda a série de filmes lutando para aprender como controlar a RAIVA.

Para abandoná-la?

- Não! Nunca!

IMPORTA APRENDER A USAR AS NOSSAS EMOÇÕES

- Para aprender a usá-la!

Precisamos controlar nossos anjos e monstros internos, nunca os deixar, essa *é a regra, pois* o amor e a raiva trazem força e com eles, bem conduzidos, você "move montanhas".

Monstros existem debaixo de nossas camas e em nosso coração, contudo, estão ali para nos proteger, e nunca para agredir alguém que amamos, ou que apenas passa, "inadvertidamente", por nossas vidas ou nossas cabeceiras, para nos dar um beijo de boa-noite.

Precisamos dessa força emocional para sermos mais confiantes, *não arrogantes, porque a força do Hulk não é apenas muscular,* e é importante que você compreenda isso. Nossa força está em nossa alma, aberta e limpa, preparada para receber todos os elementos benéficos, as fantásticas inspirações do Universo. Ela descansa em nossos pensamentos.

O universo usou agora a inspiração para me lembrar de alguém especial, triplamente especial. Pelo humano que é, pelo cientista que se tornou e pela força mental que o ajudou a carregar uma terrível doença que lhe causava muito sofrimento.

Stephen Hawking, o Homem, não apenas o cientista.

Paralisado numa cadeira, absolutamente limitado fisicamente, mas com o espírito do pensamento livre. Conquistou não somente fama mundial, diversos prêmios pelas descobertas e conclusões na área da astronomia e, o principal, um "EU" bem treinado.

Da cadeira de rodas, especial para suportar aquele corpo emagrecido e maltratado, imobilizado pela difícil doença, ele sorria para qualquer um que se aproxima e em toda foto aparecia bem, sem nenhuma inibição. Claro que devia ter momentos muito difíceis e tristes, mas sabia acreditar, compreender, dar novos significados e fazer novas escolhas. Sabia viver.

O Universo lembrou-me também de outro alguém especial, triplamente especial. Pelo humano que se tornou, pelo mestre que foi, e ainda é, e pela terrível dor que se permitiu suportar por todos nós.

Jesus, o Homem, o Deus, o mito e a história.

Não estranhe se o descrevo como mito, porque assim "Ele" é para muita gente, para alguns, apenas um personagem histórico, então, pergunto:

- Em que isso importa?

Vale o que você acredita e muito mais o que Ele nos ensinou. Independente de crenças, Ele é o Cara, inspiração em pensamento e emoção.

- O Universo, lembra-me agora de alguém "pra lá de" especial, triplamente especial. Pelo humano que é, pelo leitor que se propôs permanecer até aqui neste livro e pelo futuro maravilhoso que irá viver.

Você, o homem e a mulher, aluno, professor..., sempre aprendiz.

Fruto de muito Amor, você é um anjo a mais na Terra, para ajudar a quem precisar compartilhar ensinamentos e abraços, aceitação, apoio.

Um instante:

- "Eu não estou brincando com Você"!

Agora diga, mais ou menos assim:

- "Ok! Tá bom, aceito, mas..., como começamos a crescer, então"?

Vamos nos unir.

Eu, você e todos que a partir de agora passarem por nós. Nossas emoções devem aprender a conviver e somar.

Esse é o tema principal de um dos muitos filmes animados da Pixar:

AS EMOÇÕES DEVEM APRENDER A CONVIVER E A SOMAR

- "Divertidamente".

Nesse filme uma menina cresce com os pais. Todos experimentam o turbilhão de emoções, próprias da idade dela, e muitos desafios da vida daquele casal. Mudam de cidade. Cada emoção da protagonista (e dos pais dela) é representada por personagens que vivem e trabalham na cabeça da jovem. Todos querem ajudar a menina na jornada pela vida.

Raiva, tristeza, nojo, medo e alegria dominam o cenário, atores mentais, atuando em diferentes momentos.

Divertidamente é um desenho animado interessante. As emoções aprendem a atuar em distintas situações, também compreendem aos poucos, fundamental para o que quero que você saiba, que dependem muito umas das outras.

A alegria demorou para reconhecer a importância da tristeza na história da menina. Não se pode viver somente alegria e essa perde importância, se não tivermos momentos de tristeza (que nos faz lembrar mais tarde do que realmente importa).

Assim como a importância da raiva, do medo..., portanto:

- Acredite você também, somos feitos "assim".

- Assuma a responsabilidade por sua vida, com altos e baixos, alegrias e tristezas..., noites e dias.

- Abandone, pouco a pouco, as CERTEZAS, elas podem destruir sua paz.

- Duvide do pensamento que incomoda.

- Critique cada ideia, porém, dê atenção à emoção que "perturba" você, muitas vezes ela quer e tem muita coisa para dizer.

- Compreenda que "algo" em sua história de vida criou a emoção que você sofre agora. E quem criou isso?

- O pensamento irreal, virtual, refez essa ligação. Talvez uma VERDADE equivocada, ilusória, que trará uma REALIDADE para sua vida, quem sabe, INSANA.

- Desligue o engano!

- Melhor que isso, ressignifique a dor, o sofrimento, e viva de modo mais saudável.

- Aprenda a controlar sua emoção como faz Hulk.

- Escolha um pensamento melhor, não para enganar a si mesmo ou aos outros, mas para equilibrar possibilidades.

- Desenvolva a confiança: em Deus, em você, no outro, no amor.
- Avalie como se relacionará com as pessoas que ama, família, amigos e colegas.
- Aceite o pensamento renovado, treine a todo momento, compreensão.

Por fim, ofereça a outra face!

Lembre-se sempre que "o outro", que está com raiva a sua frente, ainda não conhece o que você sabe agora, com o que já percorreu na vida e com este livro. O outro é "como você" que há pouco tempo não havia também PENSADO nessas coisas sobre a mente.

Divertidamente. Talvez por isso, lá atrás, alguém muito especial que citei aqui neste capítulo, com um EU absolutamente resolvido, no pior momento da vida, olhou para o céu e disse:

- "*Pai. Perdoa-lhes, porque não sabem o que fazem*".

Sim, não sabemos.

Mas nossa obrigação a partir de agora é SABER.

Ele veio para ensinar.

Nós, para aprender, trocar..., amar e ajudar uns aos outros...

"e ao próximo como a ti mesmo".

Capítulo XIV

ONDE ESTÁ A OFENÇA?

- "Mas, mas..., se o outro me ofendeu de verdade, me xingou"?
- "*Seu..., seu..., seu gordo*"!

Bem, se ele está nervoso, brabo, irado a ponto de xingar, o gatilho emocional agora está NELE e a ação/resposta imediata foi DELE.

Como será a minha ação/resposta mais bem pensada?

Vamos ver..., responda para mim:
- É real?
- Isto é, estou gordo?
- Sim!

Então, obrigado pela lembrança, eu até já havia notado, é verdade, preciso emagrecer, e rápido.
- Não é real?
- Bem, mesmo assim eu devo me cuidar para não engordar.
- "*Seu..., seu..., seu VELHOOOO*"!

O que eu devo pensar?
- É real?
- Sim.

Então não há problema, sinto orgulho do meu caminho, minha história, do que consegui aprender e desaprender até hoje. Meu cabelo cada vez mais grisalho, minhas rugas..., são provas que eu "vim, vi, venci".

Venci porque tive uma história real, verdadeira, por vezes ilusória, necessitei de coisas, outras não, conquistei algumas, outras *não*, soube em muitos momentos escolher entre uma e outra, mas também perdi, errei, *caí*, levantei-me diversas vezes.

Envelheci aos poucos, porque lutei, sofri, calei, falei, escrevi.

Que delícia ficar velho, mais limitado, mais cansado, qual é o problema? Acredite, estou adorando envelhecer, agora posso "descansar" um pouco mais e até andar bem mais devagar..., até parar (de uma vez). *É curioso e sorrio quando* me dou conta que em minhas caminhadas, antes eu passava todo mundo com velocidade, hoje, todos passam rápido por mim pensando em suas vidas, e mal consigo cumprimentá-las. Provavelmente alguém desejou me cumprimentar, lá atrás no passado, e não conseguiu, estava eu preso em meus sonhos.

O tempo alargado, esticado, empurrado faz-me perceber a importância de não precisar mostrar mais nada para os outros. Talvez apenas "das coisas" como eu fiz. Contudo, somente para inspirar. Afinal, cada um tem seu próprio caminho e modo para viver "as coisas".

Que bom ficar velho. Vencer a si mesmo, não mais os outros.

A ansiedade e o medo que senti em minha vida, por muitas vezes, não foi legal, nem todas as coisas foram como eu queria. Ri muito, mas também chorei e provoquei chorar.

Eu amo Deus, do fundo do meu coração. Sinto muito por aqueles que fiz sofrer, apesar de acreditar que esse foi meu papel nas histórias e caminhos de cada um deles. Mesmo assim, perdoem-me aqueles que um dia magoei, aos que, de algum modo, fiz mal e prejudiquei. Algumas vezes nem percebi, outras por pura imaturidade, creio que nunca por mal (mas, não pergunte isso para eles, eu estaria enganado).

Perdoo também a todos meus companheiros de jornada, aos que me feriram em dias difíceis, naqueles dias que, de certo modo, permiti me machucar.

Sim, as pessoas podem tentar nos machucar, no entanto, apenas conseguirão se permitirmos a eles, em pensamentos e ações, quando, por estarmos frágeis, aceitarmos provocações, agressões e reagirmos, às vezes até de modo desproporcional (desnecessária tanta força).

Poderíamos ter escolhido outra maneira.

Sim, mas não deu. Era o possível naquele momento.

Por fim obrigado. Sinto-me agradecido por todas as oportunidades, por aqui estar, e participar da vida, obra do universo, imperativo do amor.

É delicioso sorrir até o último dia, porque aprendi a compreender, ao menos um pouco, e aceitar em boa parte como tudo isso funciona.

Bem! "Viajei" no tema da idade. Então, voltando às perguntas em resposta ao xingamento de "velho", por outro lado, podemos questionar e responder assim:
- Não é real?
- Ainda não sou tão velho assim?
- Que pena, preciso esperar ainda mais, para viver melhor e em paz, os anos que ainda virão e deixarão mais marcas da existência em meu corpo, que será cada vez mais abatido, machucado..., provando que vivi.

Marcas..., também são sinais de orgulho, as provas do que passei, lutei, superei, e sinto-me feliz em poder guardá-las no corpo e mente.

Então, veja agora essa possibilidade a mais de xingamento:
- "É, então morra logo seu filho da P...#$%*"!

Imagino a dor que o pretenso agressor deve estar sentindo para desejar a morte de alguém, além disso procurar atingir e ofender àquela que mais significado possui na vida do ser humano, a *mãe*.

Reflete desespero, uma alma que precisa muito ser ajudada.

O que devemos pensar?
- O que é real?
- Ele deseja a morte do outro por quê?
- A vida mostra o que fez errado?
- O que deveria fazer?
- Ele tem medo, um pouco de vergonha, talvez?
- A presença do outro sempre o fará saber que não está bem?
- "Você está me atrapalhando com essas provocações e assim não consigo mais mentir para mim mesmo".

Real ou não, ele precisa urgentemente de um abraço, ser aceito e reconhecido, receber o que faltou na infância, juventude, e até hoje falta.

Mas, não podemos fazer isso, não agora, ele está muito nervoso, não permitirá, não irá entender, aceitar, isso produzirá ainda mais raiva, porém, olhar para ele com amor fará grande diferença.

Fique você quieto, não reaja, afaste-se, saia do local. Não há diálogo onde sobra dor. É o sistema cerebral primitivo dele, funcionando a pleno vapor e sem comandante no *cockpit*. *É, eu sei, você precisa de muito treino porque seu primitivo também está morrendo de vontade* de mostrar que foi feito para te proteger (e avançar sobre o oponente). Mas, hoje (depois de muito trabalhar esse padrão de pensamento), você está bem melhor no seu controle e, seguro, vai embora sem reagir (nem resmungar).

Em tempo! Como você acha que foi e ainda é comigo? Também não estou totalmente "pronto". Exercito todos os dias. Um dia eu consigo de fato, mas já avancei muito (schhiiiiuuu... não pergunte isso para a minha mulher).

Então você lembra daquela frase que seu pai (tutor, amigos, tio...) disse na sua infância: "Filho meu não leva desaforo pra casa"! Sim! Seu pai (e outros) ainda estava no longo caminho para evoluir e pensar melhor sobre a vida e as reações a ela. Mentalidade é criada desde a infância, tornar-se adulto é moldá-la agora com sua própria consciência (não mais a dos outros).

Vamos compartilhar, com todos, mais amor nesta vida, sistemicamente, e um dia esse amor chega nele (nos agressores). É inevitável.

Ei! *É real que minha mãe é ou foi prostituta?*

- Caso sim, foi a história dela e a respeitarei ao máximo. Posso tentar imaginar o medo, a dor, os sonhos, a luz, os momentos de tristeza e tantas faltas que ela sofreu para "viver" essa escolha. Isso me faz desejar ainda mais abraçá-la nesse momento.

Assim como também louvo e agradeço os dias de alegria do amor possível, que toda prostituta pode e merece viver.

Oro por minha mãe real, verdadeira, todos os dias.

Lembro-me sempre daqueles olhos castanhos lindos torcendo por minha vida, ensinando-me a desejar e lutar pelo mundo. E me enfiando um monte de roupas antes de dormir porque "fazia frio". Aquela mãe que sempre dizia "Jusé sempre chega em casa cantando e assobiando".

Alguém que a gente tanto ama, sendo ou não prostituta, ou qualquer outra situação pejorativa, muda alguma coisa?

- Em meu PENSAMENTO, repleto de INTENCIONALIDADE, não mudaria nada.

Minha mãe seguiu o caminho que o Universo, o destino e Deus ofereceram para ela. Ela aceitou em alguns momentos, em outros não aceitou, lutou, sorriu, perdeu, venceu. Como todos nós.

A minha já se foi.

Você já *abraçou sua* mãe hoje?

- Muitas vezes comento com meus pacientes, que reclamam da relação com os pais, que "a única diferença que nós temos deles é que eles chegaram antes à Terra". Aproveitam e sofrem mais ou menos que nós, têm mais ou menos oportunidades, possibilidades, enfim, seres humanos lutando, montando passo a passo as histórias deles. Vivem ou viveram destinos, o possível, e nos ofereceram o que puderam, ou podiam, se, como para alguns, *já nos deixaram*.

Um dia, uma paciente disse que não recebera nada deles, que seus pais a abandonaram, que... E veio uma lista enorme de reclamações (e choro guardado).

Ao que eu respondi:

- Agradeça, eles deram a você o que podiam, nem mais nem menos, e, acredite, desejaram você desde o mais profundo do coração.

- "Como assim, se me abandonaram", questionou ela?

- Não abandonaram você, eles não conseguiriam fazer isso. Abandonaram a eles próprios. Não deram conta, não puderam. Não tem nada a ver com você, mas com a triste história dos dois e dos antepassados. Releia diversas vezes até entender. Não desista de entender isso, porque será redenção para quem carrega este tipo de trauma e dor.

Você está aqui exatamente para ser alguém maior, nessa trilha de sucess*ões* familiares, com capacidade para modificar a linha de tempo desse mito, que vem desde muito longe, ou até não, pode ter começado essa "confusão" neles – ou em você..., o que importa agora é *cuidar*.

Portanto, o que vale hoje é você. Você é filho/filha do universo.

Quando nasceu você recebeu o bastão da vida. Assuma, pegue o seu bastão e faça sua parte nessa corrida de amor. Mostre ao mundo para o que você veio, do que você é feito/a e para onde quer ir. Ame, viva, lute por tudo que acredita ou, se ainda não, passe a acreditar.

As pessoas não vivem o amor de modo pleno, porque esqueceram, se afastaram dele, muitas vezes sem perceber. Amor é disponível a todos, porque o lar do amor é o coração, portanto, está sempre com você. Você tem um coração, não tem? – Ele bate sem parar no seu peito.

Em outro prisma, as pessoas muitas vezes não vivem o amor porque têm medo de olhar para dentro delas mesmas, algumas vezes, não se veem dignas desse amor.

Acredite, não somos culpados pelas escolhas de nossos pais. Muitas vezes colocamos, forçamos neles a necessidade de decidir, sim, participamos, mas, a opção final para "aquele" determinado assunto é só deles. Temos as nossas.

Para mim, quando as religiões dizem que precisamos honrar pai e mãe, a interpretação habitual é que devemos respeitar pai e mãe, "pedir a benção". Concordo, respeitar sempre. No entanto, para mim honrar pai e mãe significa dignificar a vida deles na sua, mostrar que você veio declarar ao mundo que o DNA deles neste momento é *você*. *Agora*, você está pronto para fazer as mudanças necessárias no mundo, que eles não foram "suficientes e capazes" para fazer. Mudança é crescimento e honrar a genética, o caminho da vida, os cromossomos que estavam neles, agora residem em você e seguirão adiante com seus descendentes.

Então, em relação ao fato de alguém xingar minha mãe, obrigado por lembrar-me dela, e tudo que eu pude e posso ainda fazer por ela.

Escrevi muito, desculpe, algumas vezes sou prolixo sim, mas, se você não abandonou a leitura deste livro até agora, aguente..., só mais um pouco, estamos quase terminando e, talvez, espero que valha a pena. Porém, não perca o maior objetivo deste capítulo:

- DIGA-ME, ONDE ESTÁ SUA DOR?
- Em quem xinga ou naquele que é xingado?
- Onde está a ferida que precisa ser tratada?
- Se eu me ofendo porque alguém fala algo grosseiro, obrigado. JÁ ESCREVI, mostrou e alertou-me para a MINHA dor, ótima oportunidade para eu olhar o que existe em mim e poder, imediatamente, começar a trabalhar para corrigir.

É MINHA MESMO?

Posso fazer o que quiser com ela?

- SIM!

Então vou mandá-la para a...

- NÃO!

Ok! Vou só mandá-la embora.

- Se eu não me ofendi..., já cheguei em um ponto do caminho, mais próximo da minha paz, como foi ele que me xingou, a conclusão é óbvia: - a dor, a ferida está nele.

Como posso ajudar?

- O "senso comum", no outro, ri do que escrevi agora e vai dizer:

- "*Tratar quem, EU*"?

Quando com coragem procuramos "problemas" dentro da nós, vamos encontrar duas coisas: Dor e amor. Este, cura, aquela mantém um sofrimento (desnecessário) para sempre. Para curar, basta compreender e aceitar as "feridas emocionais".

E você irá achá-los, dor e amor, bem próximos um do outro. O amor sempre pronto para suportar a dor. Uma dor que existiu ou ainda existe apenas por insistir se afastar do amor.

Experimente. N*ão podemos mais viver apenas de* "opiniões".

Um curto diálogo entre mãe e filho:

- "Você me decepcionou", disse a mãe ao filho pequeno.

- "Isso eu entendi, mamãe", diz ele um pouco triste.

- "Só não compreendo por que está tão chateada comigo", completa, "se quem criou as expectativas sobre mim, foi você".

Leia... duzentas vezes esse diálogo entre mãe e filho.

Até entender.

Não vá adiante (na vida) sem compreender e apreender isso.

Capítulo **XV**

LÓGICA SECUNDÁRIA

Lógica da maturidade dos sistemas emocional, racional, espiritual que nos provoca olhar para nossas questões e problemas e valorizar o que vale a pena.

Somos treinados para reagir a tudo que incomoda e criamos defesas automáticas contra qualquer coisa que nos pareça agressiva. Esse comportamento é uma qualidade biológica primitiva e muito *útil para* a proteção da vida diante das agressões do meio (e dos outros). Contudo, urge controle principalmente quando se refere a relacionamentos humanos.

A evolução social vem acontecendo desde tempos mais remotos do homem na Terra e muito já se conquistou no campo das normas, leis, e no aprendizado da ética, no entanto, ainda há aspectos importantes a serem compreendidos para alcançarmos a paz que tanto almejamos e poder olhar com mais cuidado para esses aspectos. Essa é a minha proposta.

Precisamos evoluir sempre, cada vez mais, e aprender a pensar de modo mais amplo, firme, porém, leve. Não podemos permanecer presos a um padrão único de CERTEZA e conhecimento, cada indivíduo fechado em si mesmo, sem procurar compreender outras maneiras de "ver as coisas", a vida, as emoções e a razão. Outras "individualidades" e verdades.

É fundamental para o equilíbrio e a tranquilidade nas relações que consigamos avaliar melhor as falas, os gestos, as condutas, o que é ou não uma agressão e, se de fato for um mal, verificar o porquê e o melhor a ser feito. Assim como é urgente parar de discordar sempre do outro de modo automático sem antes avaliar e criticar para nós mesmos tudo que seja diferente, agrade ou desagrade aquilo que acreditamos.

Lembre-se, há muito aprendizado com o diferente, outras experiências, outras histórias de vida..., outras VERDADES.

OBJETIVO:

- Confiança na vida, na coragem e na fé.

Até quando ficaremos atados à LÓGICA de dedução, indução, silogismos por vezes tolos, que se arrastam por mais de 2500 anos, pensamentos incapazes de encontrar solução definitiva para a "VERDADE", por que simplesmente não existe uma resposta única e definitiva?

Não merecemos permanecer reclusos nessa prisão emocional-racional simplória, vivendo a dor de um raciocínio fraco, linear e errático, pensamentos tolos, patinando sem sair do lugar, frequentemente escorregando, caindo, sofrendo e machucando sem nenhuma evolução.

Não fomos feitos para isso. Não para patinar..., precisamos aprender a DESLIZAR, voar, amar...

"*A Deus sobre todas as coisas e ao próximo como a ti mesmo*".

Independe das religiões entenderem e aceitarem qual é a essência do universo, o imperativo do amor – o que seria uma evolução sem precedentes –, assim como não importa qual a prática religiosa que escolheu seguir, o que vale é que você tenha a forte convicção da mensagem que tranquiliza a alma, o espírito e seu coração humano, muito humano.

Portanto, o "SE" do silogismo aristotélico não obrigatoriamente é o meu "PORQUE".

"SE eu disse isso para você seria POR QUÊ...?". Seria mesmo?

Nessa frase acima elaboramos diariamente milhares de premissas falsas, medíocres, contudo, podemos criar ou encontrar outras tantas maravilhosas (maneiras de viver o mundo).

Se quem te ama gritou com você aquele dia é porque... Odeia você, quer seu mal, deseja... Todas as respostas que "a gente" (sim, todos nós fazemos isso) imagina geralmente estão equivocadas. Quem ama você gritou porque sentiu dor. Simples assim. E não soube reagir, não está treinado para reagir melhor, ter segurança para... amar e se sentir amado, seguro e compreendido. Aquiete-se você naquele momento, espere "o cérebro voltar ao normal", da segurança anterior, quando não se sentindo agredido conseguirá pensar melhor. Lembra-se daquela história do "conte até dez"? Pois é! Apenas sabedoria popular ou verdade universal?

"Se escrevi este livro é porque eu amo muito você e torço demais por sua felicidade". Meu maior sonho é ver você feliz e saber que pude fazer uma "pequena" grande diferença em sua vida, agora é com você. Eu escrevi para você, acredite.

PARE de ler por um instante. Sinta o que contei aqui. Afinal, a vida é uma enorme sequência de "aquis e agoras", aproveite cada um desses momentos. D E S A C E L E R E.

Estou exatamente nesta frase, às 8h05min da manhã de uma segunda-feira, 02/04/2021. Acordei inspirado, como tantas vezes, e comecei a escrever.

Preciso de um bom banho e em pouco tempo estarei no meu consultório recebendo mais uma gestante, com "mais uma" das maiores maravilhas do universo no ventre, mais um anjo que está para chegar e nos fazer companhia na Terra.

Não quero deixar que ele nos xingue no futuro, por isso meu sonho em cuidar da mãe e do coração (da emoção) de toda família dessa criança por meio desse Programa SUPERCONSCIÊNCIA/FAMÍLIA DO FUTURO, no qual dedico boa parte do meu tempo desde agosto de 2003.

Então, o que faremos juntos agora, além do que já afirmei até aqui, com a história do amor, perdão, gratidão..., pensamento?

- O que é preciso ser feito?

1. Acabar com uma frase que está presa, gravada na memória: EU NÃO ERRO. "Se ele atrasou é porque...". Lembra-se desse silogismo? Eu erro sim. Assim que apagarmos definitivamente esse modelo rígido de pensamento em defesa – eu não erro – passaremos a viver muito melhor. "Ah! Mas ele olhou e mexeu no celular enquanto falava comigo e eu já pedi mil vezes..."! É verdade! TODOS NÓS ERRAMOS. A pergunta é por que a briga? A resposta: - Porque ainda existe uma ferida em você (e no outro) que precisa ser trabalhada, superada, curada. O que fazer? - "Supere-se". Afinal, o outro seguirá errado até também vencer a si mesmo. SUPERCONSCIÊNCIA é um objetivo para todos nós (me inclua nisso). Foco em si mesmo "não no que considero errado no outro".

2. ACREDITAR em uma nova vida alcançando pouco a pouco novos patamares emocionais.

3. COMPREENDER como as "realidades" da vida funcionam, assim como os relacionamentos, tão caros para todos nós, e agir sobre eles.
4. Dar novos SIGNIFICADOS a tudo o que acontece.
5. ESCOLHER melhores pensamentos sobre TODAS AS COISAS, especialmente sobre aqueles que nos machucam e que por isso mesmo nos mantêm travados (em defesa) em nossas CERTEZAS. É urgente abandonar certezas para poder dar lugar a novos e melhores pensamentos, novos caminhos neurais fundamentais para a felicidade.

Aliás, existe uma certeza que você precisa ESCOLHER incorporar imediatamente. É o antídoto para ficar bem, principalmente quando um fato em sua vida criar qualquer ruído. Pense e sinta: - "Você é a pessoa mais importante do universo". Pergunta isso para Deus, se é verdade. Ele até morreu por você (e não estou falando aqui em religião, sinta o grande simbolismo disso). Quando você está forte, não é a pessoa que você ama se distrair e "pegar de novo no celular" que tirará você do seu centro. Exatamente isso, você é o centro da sua própria vida. Não porque alguém de quem você esperava algo não fez, não entregou, foi embora sem se justificar..., que tirará você do seu centro. Exatamente isso, você é o centro da sua própria vida. A repetição é proposital. Quanto mais você cresce, mais fácil será manter-se no centro da razão e das emoções – controle de um grande comandante. Independentemente de qualquer desafio do dia.

Qualquer.

Leia abaixo o depoimento de uma estudante após uma das minhas palestras, "VOCÊ, CIÊNCIA E ESPIRITUALIDADE".

"Fui a sua apresentação sem muita expectativa. Estava na escola e nem sabia o porquê. Último ano do ensino médio e não pensava na vida. Não queria de fato viver. Mas, estava lá, sentei e te ouvi. Aos poucos comecei a olhar para a minha vida como se ela estivesse à minha frente. Senti que era Deus falando comigo. Fui abandonada por minha mãe quando tinha um ano e três meses e fiquei apenas com meu pai. Estive sempre muito triste, senti a dor dessa falta e vivi em depressão. Agora entendi que fez parte da minha história, percebi a angústia e desespero de minha mãe, e consegui finalmente acreditar e sentir o amor dela por mim".

Relei agora, devagar, e coloque-se no lugar dessa moça.
Todos nós temos um lugar "nas histórias deste mundo".
Conte a sua. Mas..., agora escolha um melhor silogismo para você.
Qual o melhor dentro deste:
"SE a minha mãe me deixou, foi PORQUE não me amava, PORQUE eu não prestava, porque eu não merecia..." *Lógica primária.*
"SE a minha mãe me deixou foi PORQUE a confusão e a dor que sentia era tão imensa, a ponto de fazê-la "deixar" um filho para trás.

QUAL OPÇÃO DE PENSAMENTO QUER PARA A SUA VIDA?

Qual dessas opções acima cura, e qual nos mantém doentes?
- "AMO" muito você minha mãe.
- "PERDOE-ME" por não ter feito tanto quanto deveria por você, até hoje, e só agora me conscientizar disso.
- "PERDOO" você por seu "enorme possível" e pela tão grande dor que me fez sentir em alguns momentos por sua falta.
- "AGRADEÇO" muito por você ser minha mãe e ter aberto a porta do céu para que eu pudesse entrar neste mundo, pela oportunidade de viver aqui, no mesmo tempo que você, com uma grande esperança de um dia ainda poder vê-la em meus braços. E chorar em gratidão.

FOMOS FEITOS PARA DAR CERTO, CRIADOS PARA AMAR

Acredite:
Vamos lá, ainda há mais coisas a fazer:
Substituir pensamentos ruins – mudar o padrão DISFUNCIONAL.
Detectar ganho secundário, autopunição, vitimização, sempre desculpas que não levam a nada e mantêm permanente a dor em todos nós.
É amor negativo quando se busca atenção, acredita ser grande sofredor, sozinho, porque apanha, porque está gordinho, porque... CHEGA!
Juntos podemos superar medos desnecessários, abandonar certezas, incertezas, angústias, gatilhos emocionais – as feridas na alma – e confiar em nós mesmos, na vida e em Deus. Em mim e em você.

Vamos trocar registros ruins de nossa mente, retidos na memória pelas falsas interpretações que criamos e mantemos como VERDADES por uma gigantesca esperança em nossas possibilidades futuras, com o esforço que passaremos a exigir a nós mesmos.

INTROSPECÇÃO

Devemos nos "enxergar" no espelho, não fugir de nós mesmos, de nossa imagem de sofrimento e dor. Não precisamos mais, não é verdade? (Agora sim, uma verdade nessa pergunta). Vamos observar a própria mente, sem medo de enganos e faltas. Estamos juntos, não estamos?

- Valorizar acertos, todos eles, orgulharmo-nos porque já fizemos muita coisa boa e útil até aqui; corrigir erros e arrumar aquilo que pudermos. O que não for possível corrigir, já está corrigido por Deus.

- Além do perdão e de perdoar, o que não conseguirmos, mais uma vez, vamos entregar ao universo. Isso modifica muito a energia da vida. Para o bem. Apenas faça..., e veja o que acontece.

- Devolver o que tirou (do mundo), mesmo sem ter sido por má intenção, mesmo que seja difícil, é bacana, eu já fiz e é muito legal.

Certa vez, bons anos atrás, desenvolvi um livro digital sobre Gestação e a Medicina Fetal. Meses de trabalho e o apresentei, como um dos temas principais, em uma Conferência no Congresso Sul Brasileiro de Ginecologia e Obstetrícia. Uma aula inédita, dinâmica, em imagens e vídeos. Show.

Foi um dos primeiros livros digitais no mundo, sobre o assunto, e eu estava de fato orgulhoso com tudo aquilo.

Eu era bem mais jovem e bastante animado com a minha profissão que crescia de maneira acelerada, facilitada pela rápida evolução das técnicas de ultrassom. Também estava entusiasmado com as possibilidades que se abriam para mim, jovem e apaixonado pelo assunto.

Um repórter se ofereceu para cobrir o evento do lançamento e escrever sobre o novo livro digital nos jornais. Aceitei na hora, apesar de achar alto o valor cobrado na época, eu no começo de uma profissão que exige muito e já havia gastado bastante com a produção do livro.

Terminado o evento, no dia seguinte, tomo o jornal para ler e, conforme combinado, lá estava a matéria. Totalmente editada, modificada. PARA MIM, quase nada a ver com as ideias que eu tinha passado ao jornalista. Traduzindo o fato: minha verdade não bateu com a dele.

Fiquei muito triste e irritado, não havia mais o que fazer, já estava publicado, e com todo meu desagrado. Reagi. Liguei para ele e falei da minha decepção. Não recordo agora, faz muito tempo, mas a conversa foi tensa e, com tudo daquele jeito, afirmei que não pagaria a segunda parcela do combinado.

Desliguei o telefone, cheio de... "RAZÃO".

Passados bons anos – mais de vinte –, a vida ajudou a mudar meu coração. Não sei por que, um dia aquele repórter retornou (nunca saiu) da minha cabeça e eu sentia que precisava corrigir o que fiz.

Hoje em tempos de mídias sociais, e para minha surpresa, encontrei uma postagem dele e imediatamente lhe enviei uma mensagem. Nela eu me desculpei por minhas atitudes no passado, agradeci por ele ter feito parte de minha vida naquele momento tão especial.

Bem, não escrevi que (1) o amava, mas pensei... e em pensamento reforcei o (2) pedido de perdão, (3) perdoei e (4) agradeci. Numerei aqui pela importância dessa sequência que devemos colocar no automático dos nossos pensamentos.

Pena que eu não "disse" que o amava, porém, ele provavelmente não iria entender muito bem naquela mensagem, mas "completei que queria muito pagar o que eu devia". Escrevi e...

"Enter"!

Dias depois a mensagem retornou.

Contou que lembrou do acontecido, já havia deixado para trás este assunto, e estava tudo bem, eu não precisava pagar mais nada.

Insisti, ao que ele logo respondeu que nem saberia quanto seria o pagamento cobrado, um valor *há mais de vinte anos*.

Coloquei desse modo:

- "Simples, o que seria hoje um quarto de página daquele jornal, eu lhe devo a metade".

Apesar de ele ainda insistir não receber, consegui, por fim, fazê-lo ceder, paguei o que devia e encerramos aquela história. Será? Para o universo as histórias não se encerram porque a gente quer.

Pergunte para o infinito e "veja" o que ele acha?

- Poucos dias depois, recebi um convite para uma entrevista em um canal de televisão, boa oportunidade para contar sobre o Programa SUPERCONSCIÊNCIA/FAMÍLIA DO FUTURO. Foi indicação dele..., sem que eu soubesse disso, descobri depois. E seguiram assim mais dois ou três programas naquela emissora.

Recebi de volta muito mais do que eu devolvi para ele.

Não tem jeito, neste universo a energia vai e retorna em uma espiral gigante que não tem fim. Maravilhosa troca de forças entre seres humanos. Se você se posicionar pelo bem, para que lado essa espiral irá girar?

Mais tarde compareceu com a esposa em algumas das minhas palestras e vamos adiante, com respeito e amizade que só o equilíbrio entre diversas "VERDADES" parciais pode proporcionar.

UM MUNDO MELHOR A PARTIR DE VOCÊ

Quer um mundo melhor?

Faça acontecer.

Seguindo...

Reconheça suas boas qualidades e ações, trabalhe as más. Elas existem, sim, e só trazem dor (desnecessária dor). Escolha.

Também aceite virtudes e não tolere defeitos.

Não tolerar aqui não significa não ter defeitos, somos humanos e falhos. Não tolerar, quero afirmar que devo identificar e ACOLHER cada erro meu, olhar direto para ele, sem medos, e RESOLVER.

Tolerar é não deixar passar a análise, avaliação, perdão, amor.

Viva sucessos e fracassos, você merece cada sucesso, dos menores aos maiores. Sucesso também é poder levar uma colher até a boca, pela primeira vez na infância, ou mesmo tempos depois de paralisado por um AVC. Sucesso é sorrir explodindo em amor mesmo ao saber que o filho tão desejado foi diagnosticado com *síndrome de Down, pois,* hoje, você SABE que são crianças maravilhosas, seres humanos únicos e o que você sente em seu coração é incondicional. Sucesso é....

Já, os fracassos..., são passos que damos antes da vitória, momentos que exigem aprendizado e merecem correções de rota, pausas necessárias para nos lembrar que aquele não seria o VERDADEIRO e o melhor caminho a percorrer.

Verdade, portanto, existe. Um caminho com todas as nossas tentativas diárias de crescimento, entre erros e acertos.

Por exemplo:

- Você não conseguiu entrar na faculdade de Medicina, após lutar por tantos anos, e hoje não se vê derrotado, mas como um dos melhores profissionais em outra área e ainda atua com paixão.

Será que o destino não permitiu a você "vencer"?

- Não sei, mas o que é vitória em um mundo cheio de ilusões?
- Vitória é fugir dos sonhos infantis e construir atitudes maduras.

Problemas em nossa vida são "professores" que nos impulsionam para tornarmo-nos adultos maduros desde que procuremos entendê-los. E os monstros não estão embaixo da cama, mas, em cima, ambos, problemas e monstros, somos nós..., na grande maioria das vezes.

Demônios e loucuras permanecem oferecendo momentos de medo, dor e sofrimento, porém, apenas se permitirmos.

Expulse todos eles, mas sempre faça com amor e sem pressa.

COMECE novo caminho, afinal a vida é para ser construída ao longo da jornada e o fim dela também é apenas outra grande Ilusão.

De que adiantaria "chegar" e não ter mais para onde ir?

- Se a vida é o caminho, pare de se preocupar muito e viva todas as qualidades e defeitos, sejam suas ou de quem for.

À medida que o tempo passa e nós conscientemente nos posicionamos melhor, em um equilíbrio maior, em algum momento começamos a observar que os tantos defeitos não estão mais ali e, quando "agiram" no passado, eram apenas para nos alertar e permitir mudanças. Aliás, muitos problemas nem "estavam", era engano, ilusão que nós mesmos criamos.

Nossos sofrimentos de hoje transformam-se muito rápido em algo com muito pouca ou nenhuma importância, se acreditarmos fortemente que eles são apenas uma maneira habitual de pensar.

Parece mágica, pois até há pouco você poderia estar triste porque perdeu um emprego, uma viagem, uma pulseira "barata", mas, em vez de apenas reclamar, agora aprendeu a pensar, quais os bons motivos da vida por trás de cada acontecimento. Que oportunidades estão reservadas para cada um de nós em cada "mudança" no caminho.

A baixa autoestima nos impede de aproveitar a praia quando não estamos satisfeitos com nosso corpo. Apenas mude o modo de pensar.

Milhares de próteses mamárias são implantadas todos os dias, absolutamente desnecessárias para a maioria das mulheres que possuem um corpo maravilhoso..., mas não conseguem enxergar.

Precisamos descobrir como implantar "próteses de autoestima".

Será que um abraço VERDADEIRO, talvez?

- Um elogio sincero, um aperto de mão?
- Doeu, olhe em você mesmo e "veja" por quê.
- Sofreu, olhe em você mesmo e "veja" por quê.

Sempre há algo bom, por impossível que possa parecer.

ENCONTRE-SE e encontre.

Aprenda sempre.

Permita a si mesmo e abra seu coração para receber a infinita INSPIRAÇÃO que está sempre disponível para todos nós, desde o início do universo, porém, lembre-se:

- Para ouvir os sons da vida *é preciso silenciar.*

Os orientais aprenderam há muito tempo e praticam meditações e tantas técnicas de respiração e relaxamento para se tornarem capazes de "ouvir a voz de Deus".

Não me interprete mal, "ouvir a voz de Deus" é uma maneira poética de dizer "eu aceito a mim mesmo".

Portanto, não há novidade no que vou escrever agora:

- "ESVAZIE SUA MENTE".

É preciso parar de pensar, diminuir aos poucos tantos ruídos.

SENTIR a experiência do último aparelho sensitivo além dos olhos, ouvidos, nariz, boca, pele...,

Somos a "antena" para tudo que existe de bom e significado. Construímos um aparelho psíquico para dar conta dos sentidos humanos. Alguns chamam de terceiro olho, outros encontram uma energia diferente na glândula pineal, outros..., não importa, todos têm razão e guardam parte da verdade. Assim como eu. Todos, somente parte.

Mas, tenho razões suficientes para chamar a sua atenção para esta nova percepção: receba o que vêm do universo, não é pouco.

- Ame tudo que está disponível e alcança você.
- Peça perdão incondicional.
- Perdoe de maneira infinita.
- Sinta enorme gratidão em seu peito.

Gratidão por sua história possível, pela história possível dos seus pais e todas as gerações anteriores que permitiram você estar hoje aqui.

Você nunca estará só, mas, lembre-se, agora está em suas mãos. Você no comando, com o bastão da vida e das ESCOLHAS.

Lógica secundária é a lógica da vida madura em amor.

Reconhecer e superar o medo é uma gigantesca vitória, assim como aceitar e saber trabalhar com os mecanismos de defesa. O caminho é Real, verdade sempre importa, sua VIDA..., muito mais.

Quanto mais abertura tivermos e coragem para receber as experiências da vida; permitir ampliar habilidades com estudos e melhor preparo que pudermos alcançar; quanto maior o apoio que oferecermos uns aos outros; maior e melhor será nossa capacidade para SENTIR o ambiente e crescermos nele.

Acredito que a maioria das pessoas é boa.

Devemos ELABORAR melhor nossa percepção cerebral.

INTERPRETAR bem as IDEIAS do mundo.

Disso depende o futuro da humanidade e sua felicidade.

Obrigado pela esperança, maturidade e por existir em minha vida.

Siga com todos os temas do Programa SUPERCONSCIÊNCIA/FAMÍLIA DO FUTURO, exercite tantos bons pensamentos e aos poucos verá a vibração da energia da vida em suas veias, ao assumir o controle do seu cérebro.

Sua alma agradece.

A de todos a sua volta também.

Sempre seremos "anjos uns dos outros".

Eu..., amo você!

Epílogo

Ruan e Kaled nasceram em plena Idade Média em pequenos vilarejos separados por uma distância sem fim.

Ruan, cujo nome significa com a graça de Deus, cresceu na poderosa Península Ibérica, próximo ao mar onde podia ver, ouvir e sentir o grande e misterioso Atlântico. Kaled, que significa o imortal, o que dura para sempre, viveu no Oriente Médio, próximo ao deserto Árabe, e se encantava com o movimento das gigantescas dunas de areia que se deslocavam diariamente como uma dança aos sons de fortes ventos.

Ambos vieram ao mundo no mesmo dia e à mesma hora, entretanto, cercados por diferentes SIGNIFICADOS e VERDADES.

Cresceram em Famílias religiosas, numerosas, em uma época em que reinava o domínio de Deus sobre toda criação, e foram bem orientados para seguirem a vida por caminhos espirituais. Desde cedo conheceram histórias do bem e do mal, muito sobre o Grande Deus que habita todos os lugares, tudo sabe, tudo vê. Um Deus que promete muitas vitórias para aqueles que aprendem e seguem o Caminho da VERDADE.

DUAS VERDADES, DUAS REALIDADES

Ruan vivia no mundo Cristão, Kaled, Muçulmano.

Acompanhavam e respeitavam todos os rituais religiosos da comunidade e agradavam-se por ouvir salmos, cânticos e muitas histórias sobre heróis da fé, momentos em que cada um deles ansiava o dia de vencer os próprios pecados, merecendo assim alcançar o paraíso e a vida eterna, abençoados por um magnífico Deus.

Esse dia chegou mais cedo do que pensavam. A notícia terrível se espalhou como fogo. Sangrenta batalha acontecia, pelo domínio da Sagrada Cidade de Jerusalém, e urgia a presença de valentes soldados para a proteção do lugar santo e vingar ofensas ao Deus que tanto amavam.

EPÍLOGO

A notícia da guerra chegou quase que ao mesmo tempo para ambos e penetrou neles até o fundo da alma.

Javé estava em perigo.

Alláh estava em perigo.

Os líderes religiosos solicitavam que jovens como Ruan no ocidente e Kaled no oriente partissem imediatamente, rumo a uma Jornada sem volta, porém, a maravilhosa e gloriosa luta em nome da Religião. Lá estava a chance para ambos provarem grande valor e por fim merecerem as promessas divinas.

Todas as cidades prepararam-se orgulhosas para a despedida dos filhos, afinal tudo se traduzia no que havia de mais verdadeiro e significativo na vida: - Lutar e morrer em nome de Deus.

Festa, cânticos, pais choravam o sacrifício, a saudade, amigos, parentes, jovens belas mulheres pretendentes foram às despedidas, todos compreendiam perfeitamente e até estimulavam a partida dos heróis, um de cada ponto extremo do continente.

O paraíso estava de portas abertas, assim como a vida eterna, e todos tinham certeza que lutar pela VERDADE era o certo a fazer.

Meses de caminhada até os campos de batalha, oportunidade para recordar histórias contadas, salmos, louvores que permaneciam ecoando ouvidos e mentes enquanto resgatavam da memória imagens dos vitrais das Igrejas de Ruan e os solários nas Mesquitas de Kaled.

Tudo daria certo, já que o grande único e verdadeiro Deus reinava em ambos os corações. Ruan e Kaled viajaram muito, vindos de lados opostos, mas com o mesmo fervor do momento da partida, lembrado em sonhos. Nada se perdia do entusiasmo e expectativa pela vitória.

Assim que chegaram ao destino, posicionaram-se rapidamente na direção do inimigo, infiéis que ousaram afrontar a Deus, e tudo que o Céu havia oferecido em graça para os Homens.

Ruan e Kaled eram, ali, inimigos mortais, e a luta ainda não os havia apresentado face a face, no entanto, não paravam de passar muitas questões por pensamentos francamente acelerados.

Quem são vocês para ofender a honra de meu Pai, gritava Ruan?

Como ousam negar as ordens de Deus, respondia Kaled?

- Não demorou para Ruan e Kaled restarem frente a frente empunhando espada e um poderoso escudo, cada qual com os símbolos que provavam origem e força das Famílias, próprios para um grande duelo.

Vários caíam aos lados, enquanto os dois digladiavam, não se perturbavam, pois, com coração ardendo nas chamas da emoção, estavam certos da vitória, na missão que Deus havia dado para eles.

Contudo, mesmo com a grande energia permitida aos dois, pelos quinze anos de idade, de ambos, começaram a demonstrar ao mesmo tempo forte cansaço, e cada vez menos eram capazes de compreender por que o tão glorioso e esperado triunfo não chegava.

Feridos, machucados com graves lesões, escoriações nos braços, tronco, pernas, muita angústia no coração, finalmente, desmoronaram um sobre o corpo do outro, sem forças sequer para um último golpe.

Ajoelhados, apoiavam-se em pânico por não entender o que estava acontecendo. Onde foram parar as esperanças enaltecidas por aqueles salmos, cânticos e louvores?

DUAS INTERPRETAÇÕES HUMANAS GERANDO CERTEZAS, ILUSÕES E INSANIDADES

Onde está *Javé*, onde está *Alah*?

- Olharam mais uma vez ao redor e viram corpos destroçados. Ouviram os últimos e fracos gritos de dor, lamentos, e ao mesmo tempo pairava forte cheiro de sangue no ar, cena muito diferente daquela vívida emoção proporcionada pelo oceano de Ruan e o deserto de Kaled.

Esgotados e ofegantes derrubaram o tronco e a cabeça um pouco para trás quase ao mesmo tempo, sem deixar de olhar firmemente um para o outro, nem por um segundo.

O medo já se dissipava e se perdia, assim como a esperança.

Perceberam naquela imensa confusão que eram muito parecidos fisicamente, provavelmente também em sonhos e expectativas.

Aos poucos tudo silenciou e como não entendiam o idioma um do outro não acreditavam poder dizer o que sentiam naquele momento.

Os olhos de espanto e desespero falaram mais alto, assim como o coração. A emoção é mais fácil de ser compreendida que a linguagem oral e em pouco tempo cresceu uma nova certeza, que eram irmãos na Terra, imagem de um mesmo Deus, origem do universo.

Não eram eles os inimigos e ali mesmo começaram a chorar.

O Deus que tanto amavam que os acompanhara durante toda a vida não podia tê-los abandonado, muito menos, ser mandatário de tamanho pesadelo e carnificina. Foi como se dissessem um ao outro que vieram para combater o mal na CERTEZA de que eles..., eram o bem.

Descobriram que má é a "manipulação sem freios da mente" que produz tolas VERDADES, motor de REALIDADES cruéis, capazes de promover INSANIDADES, equívocos brutais e morte.

Mau..., não é o outro, você, meu par, companheiro, irmão nesse Universo, o "mau" é a ignorância, a arrogância, o medo de CONHECER as razões entre Oriente e Ocidente, Norte e Sul, Oceano e Deserto, e o que são..., Céu e Terra, o Eu e o Você.

Ninguém precisa falar o idioma da VERDADE para saber o que deve ser feito nesta vida, para si mesmo e para o outro.

Todos estaremos enganados, por muitas vezes.

Vigie, ore...

Por outro lado, todos temos nossas boas razões.

Juan e Kaled somos todos nós.

Eu e você podemos decidir até quando lutar.

(Contra o outro e contra nós mesmos).

Ou quando, arrasados, podemos iniciar o ENTENDIMENTO.

Que você esteja sempre com Deus...

Pois Ele vive em você, viva Nele.

E em todos os Ruans e Kaleds

da Terra e do Céu.

Sempre ouvi de minha mãe:

- "Enquanto vocês brigam o diabo dá risada".

E eu imaginava Deus, lá do alto, nos observando acreditar no engano, obedecer ao mau, e esperando pacientemente surgir em nós a sabedoria que ele mesmo plantou, desde o início dos tempos (Dele).

Evoluir é parte dos planos.

Você é um plano de Deus.

POSFÁCIO

Poderia ter iniciado este livro contando a história da inspiração que me levou a abrir o notebook e começar a escrever essas ideias um tanto loucas e, a princípio, aparentemente descompromissadas. No entanto, deixei para o final.

Simplesmente porque agora ficará mais claro para todos nós reconhecer as diferentes sensações, percepções, interpretações e, principalmente, as reações que aconteceram em uma bela manhã enquanto caminhava com "outra pessoa, outra história, outra vida", em um parque da minha cidade.

Não havíamos completado a primeira volta quando passamos por uma casa linda, grande e que sempre foi... branquinha.

Sem alterar minha velocidade olhei para "esse outro" e disse:

- "Por que raios foram pintar de lilás essa casa"?

O outro observou a casa por um breve tempo e retrucou:

- "É cinza"!

Seguimos nosso caminho sem que eu sequer tentasse contestar.

Como pode alguém enxergar lilás, e "outro alguém", cinza?

Por que existem Ruans, Kaleds e tantos mais?

Será que mais alguém enxergaria ali um lindo verde-bandeira?

Fui para o hospital fazer um parto, assim que saímos do parque, após nosso exercício que àquela altura, para mim, era mais mental que físico. Eu não parava de pensar naquele "causo" e nas tantas diferenças entre todos nós. Por que existem tantas brigas no mundo só porque "pensamos" diferente?

- Apenas por vermos..., ouvirmos..., sentirmos..., cores..., sons..., odores..., sabores..., conceitos distintos, desiguais, discordantes?

O que fazer para as pessoas compreenderem (e respeitarem) diversas verdades?

Somos diferentes.

Aí está a grandeza do universo, do amor maior que nos torna mais ricos e pode nos trazer harmonia e mansidão.

Como inspirar as pessoas a crescerem com as diferenças e não se matarem por elas?

Ainda pensando nisso, e muito mais, pois meu cérebro é meio esquisito, entro no corredor que dá acesso ao Centro Obstétrico.

Choque!

Pintaram o corredor de... *lilás*.

Dei uma grande gargalhada – interna – detive meu passo. Antes de entrar no vestiário, documentei aquela mudança de cor no ambiente, com uma foto no meu celular. Precisava avaliar aquele lilás, pensar melhor mais tarde.

No vestiário abri a porta do primeiro armário à minha frente. Estava ocupado. Uma camisa, uma gravata... *lilás*.

Outra foto.

Perseguição..., provocação..., mais uma inspiração do universo?

Terminei a cirurgia e fui direto para casa.

Abri meu computador e comecei a escrever.

É por isso que você tem agora este livro em suas mãos.

Aproveite muito nossas diferenças.

Amo você!

E tire esse sorriso cinza da sua cara.

Prefiro seu lilás.

"Verdade aquém dos Pireneus, erro além"
Blaise Pascal

Bibliografia

A Cabeça Bem-Feita – Edgar Morin
A Realidade não é o que Parece – Carlo Rovelli
A Simetria Oculta do Amor – Bert Hellinger
Armas, Germes e Aço – Jared Diamond
As Forças Morais – José Ingenieros
Civilização – Niall Ferguson
Homo Deus – Yuval Noah Harari
Justiça – Michael J. Sandel
Limite Zero – Joe Vitale
Meta-competências – Eugênio Mussak
Neurociência da Felicidade – Mado Martínez
O óbvio Que Ignoramos – Jacob Pétry
Outras Naturezas, Outras Culturas – Philippe Descola
Princípios de Emotologia e Emotopedia – Luiz Machado
Sapiens – Yuval Noah Harari
Subliminar – Leonard Mlodinow
Você Pode Mudar o Mundo – Billy Graham

BREVE CURRÍCULO

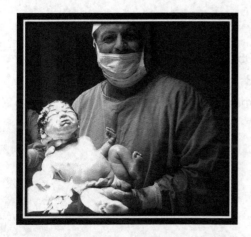

Todos os dias vejo nascer um "Ser Humano". Com o nosso apoio, será um cidadão Extraordinário!

ATIVIDADES SOCIOPARTICIPATIVAS:
Associação Médica do Paraná – AMP.
Delegado da Associação Médica Brasileira.
Federação Brasileira de Ginecologia e Obstetrícia – FEBRASGO.
Sociedade Paranaense de Ginecologia e Obstetrícia do Paraná – SOGIPA.
Médico do Corpo Clínico Hospital Santa Cruz e Hospital Santa Brígida.

PÓS-GRADUAÇÃO (além das especialidades médicas).
- Psicomotricidade Relacional – CIAR.
- Nutrologia – ABRAN.

CURSOS:
- Obstetrícia em Gestação de Alto Risco Hospital La Fé – Valência Espanha.

- Terapia Familiar Sistêmica – CTI.
- Neurolinguística – OTP.
- Emotologia – CC.
- Qualidade de Vida – PUC-PR.
- Medicina da Longevidade – GLS.

José Jacyr Leal Junior
Av. Silva Jardim, Nº 2042, Conj. 505 – Água Verde – Curitiba/PR – Brasil
Tel. (41) 3342-7632 / 99972-1508
caf@jacyrleal.com.br – www.jacyrleal.com.br

SUPERCONSCIÊNCIA/FAMÍLIA DO FUTURO